SACRÉ MOYEN ÂGE !

Du même auteur

Philosophie du pouvoir, Montréal, éditions du Jour, 1970, 157 pages.

Participation et contestation; l'homme face aux pouvoirs, Montréal, Beauchemin, 1972, 136 pages.

L'échelle des valeurs humaines (1re édition), Montréal, Beauchemin, 1974, 200 pages.

Réinventer la morale, Montréal, Fides, 1977, 159 pages.

L'échelle des valeurs humaines (2e édition), Montréal, Fides, 1980, 216 pages.

L'anatomie d'une société saine (Les valeurs sociales), Montréal, Fides, 1983, 248 pages.

Une morale de la responsabilité, Montréal, Fides, 1984, 248 pages.

L'autre Thomas d'Aquin, Montréal, Boréal, 1990, 316 pages.

L'œil de Caïn. Essai sur la justice, Montréal, Fides, 1994, 288 pages.

Martin Blais

SACRÉ MOYEN ÂGE !

FIDES

Données de catalogage avant publication (Canada)

Blais, Martin, 1924-

Sacré Moyen Âge!

Comprend des réf. bibliogr.

ISBN 2-7621-1896-4

1. Moyen Âge. 2. Civilisation médiévale. 3. Histoire sociale – 500-1500 (Moyen Âge). I. Titre.

D117.B52.1997 909.07 C97-940374-X

Dépôt légal: 3e trimestre 1997
Bibliothèque nationale du Québec

Les Éditions Fides bénéficient de l'appui du Conseil des Arts du Canada
et de la Société de développement des entreprises culturelles du Québec (SODEC).

Introduction

Les Médiévales de Québec ont remporté, en 1993 et en 1995, un succès inespéré. Plus d'un million de personnes se sont déplacées, chaque fois, le soleil aidant, pour venir prendre contact avec ce millénaire de l'histoire occidentale, qu'on a appris à aimer depuis que des recherches récentes — à l'échelle de l'histoire, divisée en siècles — en ont dévoilé les grandeurs et les beautés.

C'est le romantisme, vers la fin du XVIIIe siècle, qui a tiré de l'oubli la civilisation médiévale et suscité de l'admiration pour les cathédrales, la chevalerie, la poésie courtoise, les corporations, des chefs-d'œuvre littéraires comme la *Divine Comédie*, des personnages séduisants comme Charlemagne, Héloïse et Abélard, le roi saint Louis, Christine de Pisan, François Villon. Mais ce ne fut pas suffisant pour éponger le mépris séculaire dont le Moyen Âge était l'objet.

Pendant un quart de siècle, j'ai enseigné la philosophie médiévale à l'Université Laval. Je me faisais un devoir de recueillir, pour m'en amuser en classe, les âneries qui se débitent sur le Moyen Âge. Sensibilisés par mon comportement, les étudiants m'en rapportaient qui m'avaient échappé. Dès qu'il s'agit de quelque chose de dépassé, de fossilisé, d'intolérable, on le qualifie de « moyenâgeux », de « retour au Moyen Âge », ou bien l'on s'étonne: «Pourtant, on n'est plus au Moyen Âge!»

Désolant! Ce ne sont pas seulement les incultes qui répètent ces inepties comme des perroquets: les gens prétendument cultivés le font tout autant. Dans un film intitulé *Le changement*, une entremetteuse condamnée au couvent s'étonne de ne pas disposer d'un poste de télévision dans sa cellule: «Vous êtes encore au Moyen Âge!», lance-t-elle, indignée. Lors d'une émission sur la thalidomide, un ministre qualifie le cas de lamentable. L'animateur, homme de culture raffinée, de commenter: «Pourtant, ça ne s'est pas passé au Moyen Âge.» Un député fédéral sort de ses gonds: «Notre parlement est moyenâgeux; on vit encore au Moyen Âge à Ottawa; il faut qu'on en sorte!» Gros titre dans un journal: «Dix ans après Franco, l'Espagne sort du Moyen Âge.» Enfin, à l'émission *Raison, passion*, un ancien journaliste situe son arrivée à la télévision au moment où le Québec passait du Moyen Âge à l'époque moderne.

Avant de pénétrer dans un Moyen Âge fort différent de la caricature que l'ignorance en a tracée, scrutons l'expression *Moyen Âge*. L'âge, c'est une durée. Votre âge, c'est le temps qui s'est écoulé depuis votre naissance. Dire qu'on a trente ans, c'est dire qu'on a duré trente ans. On emploie le mot pour désigner une période de la vie humaine ou de l'histoire: l'âge ingrat, l'âge adulte; l'âge de pierre, l'âge du renne.

L'adjectif *moyen* comporte une double référence: une référence à un avant, une référence à un après; une référence à un plus, une référence à un moins, une référence à un mieux, une référence à un pire. Par exemple, quand on est de taille moyenne, on n'est ni géant ni nain; une personne d'âge moyen n'est ni vieille ni jeune. Accolé à *âge*, l'adjectif *moyen* évoque l'idée d'un âge situé entre deux âges. Il s'ensuit que donner le nom de *Moyen Âge* à une période de l'histoire suppose que l'on ait franchi la durée en cause et qu'on la compare à la fois à celle qui précède et à celle qui suit.

Ce sont les humanistes de la Renaissance — XVIe siècle — qui ont imposé à une certaine portion de l'histoire le nom de *Moyen Âge*. Dans leur bouche dédaigneuse, l'expression est chargée de mépris. Séduits par les Grecs et les Romains, ils trouvent barbares les siècles qui les en séparent. Quand ils qualifient de *gothique* une certaine architecture, il faut, pour les bien comprendre, se rappeler que les Goths étaient, à leurs yeux, des « barbares ».

L'expression Moyen Âge, *medium ævum* en latin, a donné deux adjectifs : le premier, *moyenâgeux*, dérivé du français ; le second, *médiéval*, dérivé du latin. *Médiéval* signifie « relatif au Moyen Âge » : on parle de l'époque médiévale, de l'art médiéval, de la philosophie médiévale. Ce premier adjectif ne comporte aucun jugement de valeur ; il s'emploie sans la moindre émotion. Il n'en est pas de même de *moyenâgeux*, qu'on emploie d'ordinaire avec un sentiment de mépris. Parfois, cependant, il évoque le pittoresque de l'époque médiévale. Le ton ou le contexte permettent de percevoir cette nuance. Les Médiévales, c'est l'adjectif *médiéval*, employé comme nom féminin pluriel. Les Médiévales, c'est comme les saturnales, les bacchanales, les lupercales. Les saturnales, c'étaient des fêtes en l'honneur de Saturne ; les Médiévales, ce sont des fêtes, des célébrations pour se remémorer le Moyen Âge.

Quelques grincheux ont considéré comme un anachronisme le fait de présenter des médiévales à Québec, où l'on ne trouve aucun vestige du Moyen Âge : ni un château, ni une cathédrale. Ils ont tort : l'anachronisme concerne le temps et non le lieu. Si, dans la pièce *Abélard et Héloïse*, les deux amants se parlaient au téléphone, l'auteur aurait commis un anachronisme. Mais il n'y avait pas d'anachronisme à nous montrer, dans la cour intérieure du Petit Séminaire, comment se construisait une cathédrale.

La ville de Québec ne recèle aucun vestige matériel du Moyen Âge, j'en conviens, mais elle en recèle d'autres, plus importants; ils sont dans les Québécois eux-mêmes. Les fondateurs de la Nouvelle-France étaient des gens du Moyen Âge. Christophe Colomb est né en Italie vers 1451 ; Jacques Cartier est né à Saint-Malo en 1494: ses parents étaient donc des Médiévaux; il en est de même pour les grands-parents de Samuel de Champlain et pour bien d'autres. Nous sommes donc des descendants en ligne directe du Moyen Âge. Nous sommes imprégnés de Moyen Âge: notre langage et nos coutumes en sont la preuve. On ne pourrait pas en dire autant des Chinois, qui ne se reconnaîtraient pas dans le Moyen Âge.

La réputation que la Renaissance a faite aux gens du Moyen Âge nous attend sans doute à un tournant de l'histoire. Dans un millénaire, quand on parlera de nos camps de concentration, de nos écoles de torture, de notre cruauté unique dans l'histoire, de nos guerres atroces, de nos millions de miséreux — même dans les pays riches —, on se demandera quels barbares nous étions. Soljénitsyne est moins patient que moi: « Dans cent ans, on se moquera de nous comme de sauvages[1]. » René Dubos avance la même opinion: « La vue technologique qui domine le monde actuel [...] apparaîtra à nos descendants comme une période de barbarie[2]. » C'est donc sans la moindre arrogance, avec humilité même, que nous allons nous approcher du Moyen Âge.

Pour transformer en une représentation ressemblante la caricature que la plupart des gens entretiennent du Moyen Âge, j'ai pensé atteindre plus facilement mon but en touchant

---

1. Alexandre Soljénitsyne, *Le pavillon des cancéreux*, Paris, Julliard, Le Livre de Poche; 2765, 1968, p. 115.
2. René Dubos, Choisir d'être humain, Paris, Denoël, *Médiations*; 147, 1974, p. 156.

à plusieurs sujets au lieu d'en approfondir un seul. J'en ai retenu une douzaine et demie. Si mes choix ont été judicieux, le lecteur devrait se dire, en fermant le livre : « Sacré Moyen Âge ! » Un « sacré » plein d'étonnement plutôt admiratif.

Ne cherchez aucun plan rigoureux dans ce livre, ni de lien entre les chapitres. J'ai choisi mes thèmes en fonction du but que je poursuivais. Presque tous contribuent à dissiper l'idée que le Moyen Âge, c'est « la grande noirceur », « une longue traversée du désert », une éclipse de la pensée et du génie inventif. Puisque le Moyen Âge est souvent présenté comme une époque où l'Église, autoritaire, tient les cordeaux raides à ses fidèles, j'ai tenu à montrer que les dirigeants de cette Église étaient dépendants — à un degré incroyable — du pouvoir séculier et que, du point de vue moral, beaucoup de pasteurs galopaient la bride sur le cou. Le Moyen Âge est d'ordinaire présenté comme une période affreuse pour la femme ; quelques-uns de mes thèmes déracinent ce préjugé.

La plupart des gens étant incapables de situer le Moyen Âge dans l'espace et dans le temps, commençons par clarifier ce point : il est bon de savoir de quoi l'on parle.

CHAPITRE 1

Les bornes du Moyen Âge

La durée que représente le Moyen Âge n'est pas facile à marquer de deux dates : l'une qui en serait le début ; l'autre, la fin, car, ni au commencement ni à la fin, il n'y a eu rupture, mais lente évolution. On parle plutôt de zones frontières que de dates ou de lignes de démarcation. En effet, c'est en suivant une évolution de quelques siècles que nous assistons à la transformation de la civilisation antique (gréco-romaine) en une civilisation nouvelle, la civilisation médiévale.

Il est quand même d'usage d'épingler des dates : on n'imagine pas l'histoire sans ces balises. Situons donc le Moyen Âge par rapport à quelques dates importantes. À sa mort, en 395, l'empereur romain Théodose partage son vieil empire de 424 ans entre ses deux fils. Désormais, on parlera de deux empires : l'Empire romain d'Orient et l'Empire romain d'Occident. Comme la civilisation médiévale fleurira sur le territoire de l'Empire romain d'Occident ruiné par les invasions du ve siècle, marquons-en d'abord l'étendue : du talon de la botte italienne jusqu'à l'Angleterre ; de l'Afrique du Nord jusqu'au Rhin et au Danube. Il comprenait donc le territoire occupé actuellement par l'Italie, par une partie de la Yougoslavie, de la Hongrie et de la Tchécoslovaquie, par l'Autriche, l'Allemagne, la France, l'Espagne, le Portugal, la Suisse, la Belgique, le Luxembourg, les Pays-Bas et une partie de l'Angleterre.

De nombreux peuples «barbares» vivent alors de l'autre côté du Rhin et du Danube: Angles, Saxons, Frisons, Francs, Burgondes, Vandales, Alamans, Wisigoths, pour ne nommer que les plus connus. Ils ne cherchent pas à se liguer contre l'Empire, mais à s'y infiltrer, comme font de nos jours les réfugiés. Le mouvement contraire existe aussi: certains citoyens romains vont chercher la liberté chez les barbares; d'autres restent, mais ils supplient le ciel de leur envoyer les barbares... Ils seront exaucés. De plus, l'armée romaine recrute des soldats et des généraux de l'autre côté du Rhin et du Danube. Parfois, ce sont des barbares recrutés par l'Empire qui repoussent d'autres barbares qui forcent les frontières.

Les Romains avaient emprunté aux Grecs le terme *barbare.* À l'origine, un barbare, c'était un étranger, un non-Grec. Le monde se partageait en Grecs et en barbares. Plus tard, il se partagea en Romains et en barbares, puis en chrétiens et en barbares. On prononçait ce mot avec un air hautain si l'on était Grec ou Romain, avec un air de compassion si l'on était chrétien.

Ces barbares sont loin d'être des sauvages. Plusieurs de ces peuples connaissent les civilisations grecque et romaine, et ils les admirent. Certains en sont même profondément marqués. À l'occasion des guerres, ils ont transigé avec les diplomates grecs ou romains; dans leur commerce extérieur, ils ont négocié avec les marchands grecs ou romains; pour garantir l'exécution d'un traité, ils amenaient parfois en otages de jeunes nobles du peuple à maintenir sous le joug. Les chefs barbares parlaient le latin et souvent le grec.

Pour montrer que ces barbares ne sont pas des sauvages, Daniel-Rops donne l'exemple d'Alaric, conquérant wisigoth, qui, après s'être emparé d'Athènes, exige une étonnante rançon. Ce barbare revendique le droit de se promener pendant une journée dans la ville merveilleuse, d'aller admirer la statue de Phidias au Parthénon, de se faire lire le *Timée* de Platon et d'aller voir au théâtre une pièce d'Eschyle, les *Perses*. (On imagine que le *Timée* ne lui a pas été lu en version wisigothique.) Vous avez raison de penser que, depuis le IVe siècle, beaucoup de touristes plus barbares qu'Alaric ont visité Athènes...

Les « grandes invasions », qui taillèrent en pièces l'Empire romain d'Occident, commencèrent durant la nuit du 31 décembre 406. Les barbares installés aux frontières sont contraints de fuir devant les Huns, ces hommes trapus, aux yeux bridés, aux mœurs sauvages, qui arrivent d'Asie centrale, montés sur des chevaux infatigables, petits comme eux. Attila, qu'on surnommera le « fléau de Dieu », est à leur tête.

Les Francs, ancêtres des Français, s'installent dans le nord de la Gaule ; les Vandales traversent la Gaule en la pillant, s'arrêtent en Espagne, puis passent en Afrique, sous la conduite de Genséric, et ils s'emparent de Carthage en 439. Après deux échecs, Alaric, roi des Wisigoths, s'empare de Rome en 410 et la pille. C'est la stupeur générale. Rome, la ville éternelle, imprenable, tombée aux mains des barbares ! Les Wisigoths vont ensuite s'installer en Espagne. Depuis le fatal 31 décembre 406, les territoires soumis à l'Empereur romain d'Occident s'étaient constamment rétrécis.

Dès 404, l'empereur d'Occident, conscient du danger, s'était réfugié à Ravenne, une ville mieux protégée que Rome. Mais les barbares ne se font plus d'illusion sur la puissance de l'Empire. Ils connaissent sa vulnérabilité, et les attaques succèdent aux attaques, jusqu'au 4 septembre 476. Ce jour-là, un barbare, Odoacre, dépose celui qui devait être[1] le dernier

1. Odoacre ne savait pas qu'il mettait fin à l'Empire romain d'Occident.

des empereurs romains d'Occident et l'enferme dans une villa près de Naples. Cette date de 476 est habituellement donnée, à ceux qui en exigent une, pour marquer le début du Moyen Âge.

L'ancien Empire romain d'Occident est maintenant une mosaïque de royaumes barbares: les Ostrogoths règnent sur l'Italie et la Sicile; les Vandales terrorisent l'Afrique du Nord, la Sardaigne et la Corse; le royaume des Wisigoths recouvre presque toute l'Espagne et une grande partie de la Gaule; les géants Burgondes sont installés dans le sud-est de la Gaule; les Francs, destinés à un brillant avenir, occupent le nord de la Gaule; les Britons, émigrés d'Angleterre, deviennent les Bretons et s'enracinent dans la pointe où ils se trouvent toujours avec leurs chapeaux ronds; en Angleterre prennent pied pour longtemps les Angles et les Saxons. En poussant un peu plus vers le nord, on rencontrerait des peuples moins connus, mais j'en ai assez dit pour justifier l'expression «mosaïque d'États barbares».

Ces peuples vont se livrer des guerres incessantes. L'une des figures dominantes sera, sans contredit, le roi des Francs, Clovis. Il n'avait hérité que d'un petit royaume, mais, pendant son long règne de trente ans (481-511), il en recula les frontières grâce à d'éclatantes victoires et consolida sa position par une conversion calculée au catholicisme.

Pour marquer le début du Moyen Âge, vous pouvez retenir l'année 476. Mais le Moyen Âge se situe également dans l'espace: il n'y a pas eu de Moyen Âge en Amérique du Nord, ni en Chine, ni en Australie. On parle de Moyen Âge dans les pays qui ont connu la civilisation gréco-romaine, puis qui l'ont perdue avant d'en développer une nouvelle. L'expression *Moyen Âge* évoque donc l'Empire romain d'Occident, moins l'Afrique du Nord, reconquise d'abord par l'Empire romain d'Orient, puis par l'Islam.

La seule institution qui n'a pas été balayée par la tourmente barbare, c'est l'Église. C'est elle qui prend en charge l'enseignement et maintient la flamme vacillante de la culture antique. Elle va d'abord au plus pressé : assurer un minimum de formation à ses futurs prêtres et à ses moines. À cette fin, elle met sur pied son réseau d'écoles. Les plus modestes, ce sont les écoles paroissiales ou presbytérales. Partout où un prêtre a charge d'âmes, il doit ouvrir une école. Naissait l'école de village, l'école partout présente, l'école élémentaire de type moderne, que l'Antiquité n'avait pas connue. « Qui a eu cette idée folle un jour d'inventer l'école ? » dit la chanson. Et elle répond : « Ce fut Charlemagne », mais il serait peut-être plus juste de répondre : « Ce fut l'Église. »

Le réseau comprend ensuite les écoles épiscopales. Chaque évêque doit, comme tout prêtre, tenir une école. Ce sont des écoles de niveau supérieur aux écoles paroissiales. Parfois, c'est l'évêque lui-même qui y enseigne la théologie et y commente l'Écriture. Quand il s'en juge incapable — il a pu faire son « grand séminaire » en une semaine, comme nous verrons ! — ou qu'il n'a pas le temps d'enseigner, il confie la tâche à quelqu'un d'autre. Ces écoles épiscopales sont les ancêtres de nos grands séminaires ; quelques-unes deviendront plus tard des universités. Le réseau comprend enfin les écoles monastiques. Chaque monastère doit avoir son école. Tout d'abord pour la formation des jeunes qui s'y préparent à devenir moines eux-mêmes, mais pour d'autres aussi qui recherchent un brin de culture. Né en Égypte, au début du IVe siècle, le monachisme s'implante en Occident avant la chute de l'Empire romain : les célèbres monastères de Ligugé et de Marmoutiers datent de cette époque, mais le véritable organisateur du monachisme en Occident fut saint Benoît, né en Italie vers 480. À cause du rôle immense qu'il a joué, on l'a surnommé le « père de l'Europe ».

L'Empire romain d'Occident est alors en ruine. Tout est à construire. Je ne dis pas à reconstruire, car on n'est pas revenu en arrière vers la civilisation gréco-romaine : on est allé vers une civilisation nouvelle, une civilisation chrétienne, qui se développera peu à peu pour donner ses plus beaux fruits quelques siècles plus tard. Si vous pensez que c'est un peu long quelques siècles, rappelez-vous ce qui s'est passé au Québec de 1608 à 1908. Le premier tome du *Dictionnaire des œuvres littéraires du Québec* couvre trois siècles ; maintenant, un tome ne couvre que dix ans.

Pour deux raisons, les six siècles qui s'étendent de la mort de saint Benoît en 548 jusqu'à la mort de saint Bernard en 1154, ont été qualifiés de « siècles bénédictins ». D'une part, parce que la plupart des moines de cette époque suivaient, en principe, la *Règle* de saint Benoît ; d'autre part, parce que les bénédictins exercèrent une influence déterminante dans tous les domaines de la vie : intellectuel, artistique, administratif, économique et, il va sans dire, spirituel et liturgique. Coïncide grosso modo avec les « siècles bénédictins » la première partie du Moyen Âge, qualifiée de haut Moyen Âge, c'est-à-dire du début, 476, jusqu'à l'an mille environ. Quand, dans *Le monde de Sophie*, Jostein Gaarder présente Thomas d'Aquin (1225-1274) comme le plus important philosophe du haut Moyen Âge, il confond le haut avec le bas ; quand il présente saint Augustin, mort en 430, comme l'un des deux grands penseurs du Moyen Âge, il commet une autre erreur.

Malgré ces louables efforts de l'Église, la situation ne sera pas brillante partout. Dans une sombre lettre au pape Zacharie, saint Boniface — milieu du VIIIe siècle — décrit la situation dans les Gaules. En voici quelques extraits. Plus un seul archevêque pour convoquer un concile. Seulement des évêques, qui ne sont d'ailleurs que des laïcs, des clercs adultères ou des publicains qui exploitent les évêchés. Des diacres qui vivent avec trois ou quatre concubines et lisent quand même l'Évangile en public. Certains de ces diacres deviennent prêtres ou même évêques sans modifier en rien leur train de vie, buvant, chassant et se battant comme des soldats. Certains prêtres ne savent même plus baptiser. Doit-on considérer comme chrétiens des personnes baptisées *In nomine Patris, et Filiæ, et Spiritus Sancti*? *Et Filiæ*, c'est-à-dire au nom de la Fille. Ne les rebaptisez pas, répond le Pape: ce prêtre n'a pas voulu baptiser au nom de la Fille; il ne sait pas le latin, tout simplement.

La situation dans les Gaules contrastait avec celle qui prévalait en Angleterre, en Espagne et en Italie. Un Anglo-saxon formé à Cantorbéry qui traversait la Manche avait l'impression d'accoster chez les sauvages. Plus il poussait vers l'est, plus la situation empirait. Dans l'avant-propos de son *Histoire des Francs*, en 580, Grégoire de Tours rapporte que les villes de Gaule ont laissé l'étude des lettres décliner ou plutôt périr. On ne trouve plus personne qui puisse, avec compétence, raconter les événements soit en prose, soit en vers. Mais, signe encourageant, on le déplorait: « Malheur à notre temps, car l'étude des lettres a péri parmi nous. »

Le Moyen Âge va se terminer comme il avait commencé, c'est-à-dire par un changement de civilisation, mais un changement beaucoup moins radical que celui du début. En effet, la civilisation médiévale diffère beaucoup plus de la civilisation gréco-romaine que la civilisation de la Renaissance diffère de la civilisation médiévale. Plus on pousse l'étude de la Renaissance et du Moyen Âge, plus les différences s'atténuent et plus les traits communs prennent du relief.

La mutation de la civilisation médiévale en une civilisation nouvelle — que l'on désigne du nom de *Renaissance* — ne s'est pas déroulée comme une passation de pouvoir: là encore, on franchit une zone frontière. Cependant, comme pour le début, l'usage fixe des dates. Pour le début, on s'est entendu sur 476; pour la fin, c'est différent. Selon certains historiens, le Moyen Âge se termine avec la fin de l'Empire romain d'Orient, en 1453. Du point de vue mnémotechnique, c'est excellent: le Moyen Âge commence avec la chute de l'Empire romain d'Occident; il se termine avec la chute de l'Empire romain d'Orient. Cependant, il n'existe aucun lien de cause à effet entre la fin du Moyen Âge et la chute de l'Empire romain d'Orient. Par contre, cette année 1453 marque aussi la fin de la guerre de Cent Ans, qui a exercé une influence considérable sur l'éclosion d'une civilisation nouvelle. D'autres historiens retiennent 1457, année de l'invention de l'imprimerie, qui a permis une diffusion massive du livre et favorisé, du même coup, l'éclosion d'une civilisation nouvelle. D'autres retiennent 1492, l'année de la découverte du Nouveau Monde, qui a donné, dans tous les domaines, une impulsion aux esprits aventuriers. Quoi qu'il en soit, tout le monde est d'accord pour dire que le Moyen Âge se termine au xve siècle pour faire place à la Renaissance. Commencé au ve siècle, le Moyen Âge couvre donc un millénaire.

Le premier sujet que je vais maintenant aborder dans mon entreprise de réhabilitation du Moyen Âge, c'est un personnage d'une taille gigantesque, l'empereur Charlemagne.

CHAPITRE 2

Charlemagne

Charlemagne, une figure légendaire. Unique en son genre, il ne remorque pas un vulgaire « le Grand », comme tant d'autres personnages : Alexandre le Grand, Basile le Grand, Pierre le Grand. *Grand* a été soudé au nom de Charles sous sa forme latine *magnus*. Le cas de Charlemagne n'a pas d'équivalent en français : le « magne » d'Allemagne et de Romagne ne dérive pas de *magnus*. Quand on veut comparer ce géant, c'est Alexandre, Auguste, César que l'on convoque.

Charles est le fils de Pépin le Bref. Avouez que c'est une élégante manière de dire que son paternel était petit de taille. L'expression « le Bref » vaut bien notre « Ti-cul » québécois ! Quant à sa mère, Berthe « au grand pied », elle avait un pied plus long que l'autre. En français, c'est l'œil qui dissipe l'équivoque, car les expressions *au grand pied* ou *aux grands pieds* ne comportent aucune différence pour l'oreille.

Robuste et fougueux, Pépin mit Charles en route sept ans avant son mariage avec Berthe. Le cadet, Carloman, se croyait justifié, par cette irrégularité, de contester les droits de Charles à une part du royaume de son père. Il n'eut pas gain de cause. Pépin le Bref mourut à l'abbaye de Saint-Denis, le 24 septembre 768. Charles avait 26 ans ; Carloman, 17.

Les deux jeunes rois ne tardent pas à se brouiller. Lors d'une révolte en Aquitaine — une partie importante du royaume de Charles —, ce dernier demande l'aide de son cadet; il essuie un refus qui lui inflige une blessure incurable. Charles part quand même en guerre et il remporte la victoire. Sa mère a raison de craindre pour le cadet. Pourtant, le coup fatal ne viendra pas de Charles: Carloman meurt en 771, à 20 ans. Il laisse bien deux héritiers, mais Charles, ne tenant aucun compte du droit de ces enfants à la succession, s'empare du royaume du défunt. Quand il mourra, le 28 janvier 814, à 72 ans, il aura été roi, puis empereur, pendant 45 ans et 3 mois.

Pour mieux situer Charlemagne dans l'histoire et dans notre propos, rappelons qu'à la fin du ve siècle, l'avenir souriait aux Wisigoths. Leur empire s'étendait de la Loire à l'Andalousie, avec Toulouse pour capitale. On peut se demander comment s'appelleraient la France et les Français si le roi des Francs, Clovis, n'avait pas barré aux Wisigoths la route d'un avenir prometteur.

Clovis est plus connu comme converti au catholicisme, sous l'influence de sa femme Clotilde et de saint Remi, évêque de Reims, que comme assassin... Selon les mœurs de l'époque, il savait étancher avec l'épée sa soif de pouvoir. Héritier d'un tout petit royaume situé au nord-ouest de la France, il en lègue un qui coïncide presque avec la France actuelle. Ses quatre fils poursuivirent son œuvre. Une trentaine de rois se succéderont sur le trône de France entre Clovis (488-511) et Pépin le Bref (751-768); une durée de 240 ans. N'oubliez pas que le Moyen Âge représente une durée de mille ans. Nous sommes plus près de Jeanne d'Arc (1997-1431 = 566 ans), que Jeanne d'Arc de Charlemagne (1412-814 = 598 ans). Pourtant, Jeanne d'Arc et Charlemagne appartiennent tous deux au Moyen Âge.

L'un des plus beaux titres de gloire de Charlemagne, c'est d'avoir fait de la Germanie barbare l'Allemagne du Moyen Âge et des Temps modernes. Il s'attaquera d'abord à la Saxe; il mettra trente ans pour en venir à bout en 799: les massacres succèdent aux massacres; il déplace des populations, installe des colons francs en Saxe, envoie des Saxons en Francia. Mais il parvient à son but: la Saxe devient franque et catholique.

Les regards de Charles se tournent alors vers le duché, chrétien et civilisé, de Bavière, dirigé par un parent, Tassilon. Tant qu'il avait été occupé sur d'autres fronts, Charles avait laissé ce parent en paix. Mais, une fois maître de l'Italie — nous verrons comment dans un instant — et de la Saxe, l'heure de la Bavière avait sonné. Charles exige de Tassilon qu'il se conduise en véritable vassal. Tassilon tergiverse, et la guerre éclate. Les Francs envahissent la Bavière de trois côtés. Incapable de les refouler, Tassilon vient trouver Charles pour avouer ses torts et feindre la soumission. Par la suite, l'imprudent entame des pourparlers avec des ennemis de Charles. Il aboutit en cour martiale, est condamné à mort, mais Charles commue la sentence en internement dans un monastère. La Bavière est incorporée à l'État franc.

Du côté de l'Espagne, les ambitions de Charlemagne sont plus modestes, semble-t-il. Depuis que Charles Martel, son grand-père, les a vaincus à Poitiers, en 732, les musulmans, maîtres de l'Espagne, se tiennent tranquilles dans la péninsule. Mais un prince musulman de Saragosse, révolté contre son souverain, l'émir de Cordoue, fait savoir à Charlemagne que l'Espagne est en pleine anarchie et mûre pour une intervention étrangère. Charles conduit une expédition au-delà des Pyrénées — jusqu'à Saragosse — pour y apprendre que l'émir de Cordoue a la situation bien en main. C'est sur le chemin du retour que les Basques, et non les sarrasins, attaquèrent l'arrière-garde de l'armée, le 15 août 778, et que périt Roland, un chef obscur, dit Daniel-Rops. L'imagination a donné une importance démesurée à ce fait historiquement banal. Il y a plus de gens qui connaissent *Durendal*, l'épée de Roland, « belle et très sainte », au pommeau plein de reliques, que *Joyeuse*, l'épée de Charlemagne.

De retour chez lui, Charlemagne se contentait de protéger la Gaule contre les incursions des musulmans — surnommés sarrasins à cause de la couleur jaune de leur peau —, jusqu'à ce qu'un raid musulman en Languedoc l'oblige à plus de fermeté. Ses troupes franchissent de nouveau les Pyrénées, établissent des forteresses à plusieurs endroits et s'emparent de Barcelone en 803. La Gothalonia — pays des Goths — devient une province de l'État franc. La Gothalonia, c'est la Cataluña des Espagnols et la Catalogne des Français.

De nouveaux venus occupent ensuite Charlemagne : les Avars, cousins des Huns. Cette parenté n'avait rien de rassurant. Maîtres d'une partie de la Hongrie et de l'Autriche actuelles, les Avars ne comprirent rien à la diplomatie carolingienne, soucieuse de les convaincre de demeurer sagement à l'intérieur de leurs frontières. En 791, Charlemagne doit se résoudre à leur faire la guerre ; une guerre moins longue, mais aussi sanglante que celle de Saxe. En 799, les troupes de Charlemagne s'emparent de la capitale des Avars, le Ring, une enceinte circulaire — on le devine — qui contenait d'immenses richesses, fruit de nombreuses années de pillage. Charlemagne fait du pays des Avars un État satellite et il contraint au baptême tous ses habitants. Personne n'a le choix : on accepte la vie divine ou bien on perd la vie humaine ! Le « Crois ou meurs » ne fut pas la méthode des seuls musulmans.

Charlemagne le conquérant a doublé l'étendue du territoire qu'il avait reçu en héritage et, en plus des pays qu'il administre, il en contrôle plusieurs autres : Irlande, Écosse, Angleterre, par exemple. Puisque l'État franc a maintenant la taille d'un empire, il serait normal que son roi porte le titre d'empereur, un titre que personne n'a porté en Occident depuis 476. Cet honneur rêvé lui viendra d'une façon suspecte.

En 773, Didier, le roi des Lombards, occupe des villes de l'État pontifical parce que le pape Hadrien 1er (772-795) a refusé d'appuyer les revendications au trône de la veuve de Carloman, frère de Charlemagne. Le Pape demande à Charlemagne d'intervenir. Nouvel Hannibal, il franchit les Alpes et prend l'armée lombarde par surprise. C'est la débandade.

On retrouve Charlemagne à Rome, pour la fête de Pâques de 774. Il est reçu triomphalement à Saint-Pierre. Les chœurs chantent: « Béni soit celui qui vient au nom du Seigneur ! » C'est l'acclamation même que la foule adressait à Jésus lors de son entrée triomphale à Jérusalem et qu'on commémore le dimanche des Rameaux. Pour remercier Charlemagne de son intervention, le Pape le nomme Patrice des Romains. Les patrices occupaient le premier rang après l'empereur. Quand Charlemagne regagne sa capitale, il est « par la grâce de Dieu, roi de France et des Lombards, et Patrice des Romains ».

À partir de ce moment, la position du pape est délicate : d'un côté, il a besoin des soldats de Charlemagne pour défendre ses États contre les Lombards ; de l'autre, il désire garder un minimum d'autonomie face au redoutable Charles. En 786, ce dernier doit revenir en Italie. Il célèbre la fête de Noël à Florence, puis visite Rome. Daniel-Rops dit de ce prestigieux visiteur que « l'Italie entière eut bien le sentiment que le Pape comptait moins que ce solide soldat qui se promenait dans la Péninsule comme chez lui[1] ». La dépendance du pape allait s'accentuer sous Léon III, successeur d'Hadrien.

Dès son élection, Léon III (795-816) en informe Charlemagne. Il lui promet fidélité, lui remet les clefs de Saint-Pierre et un étendard aux armes de la ville de Rome. Charlemagne

---

1. DANIEL-ROPS, *L'Église des temps barbares*, Paris, Fayard, 1956, p. 474.

répond par une lettre dans laquelle il exhorte le Pape à avoir une conduite honnête et à gouverner pieusement l'Église. Valéry Giscard d'Estaing aurait stupéfié l'univers s'il s'était comporté de la sorte envers Jean-Paul II ! Au fait, Léon III n'était pas Jean-Paul II. Nous verrons, au chapitre suivant, que le siège de Pierre n'avait pas encore mérité d'être canonisé : il deviendra « Saint-Siège » au XVIIe siècle seulement.

La « fidélité » promise par Léon III à Charlemagne s'avéra non seulement utile, mais vitale. Les neveux d'Hadrien — le pape précédent — tentèrent un coup d'État contre Léon III. Le jour des Litanies majeures, fête qui se célèbre à Rome le 25 avril, le Pape, à cheval, ouvrait la marche d'une longue procession. Soudain, il est « assailli, roué de coups, jeté à bas de sa monture, dépouillé de ses vêtements pontificaux ». Accusé de toutes sortes de vices et de crimes, y compris d'adultère, il est enfermé dans un couvent en attendant d'être jugé, mais il parvient à s'échapper. Une fois guéri de ses blessures, Léon III, désireux de reprendre les rênes de l'Église, se rend chez Charlemagne, à quelques milliers de kilomètres de Rome, pour le conjurer de lui venir en aide. Charlemagne lui donne une escorte de soldats et de hauts fonctionnaires, et le cortège reprend la route de Rome.

On est en 799. L'année suivante, Charlemagne revient à Rome pour compléter l'examen des crimes dont le Pontife est accusé. C'est Charlemagne lui-même qui présidera l'assemblée du 1er décembre. (Un souverain laïque préside l'assemblée chargée d'examiner la conduite du Pape...) Le 23 décembre, à la demande de Charlemagne, Léon III jure qu'il n'a « ni perpétré, ni ordonné les choses criminelles et scélérates qu'on lui reproche ». Par la suite, il va proclamer que son amour pour Charlemagne, tel un lien matrimonial, ne sera rompu que par la mort.

Cependant, il ne faut pas voir trop vite un effet de cet amour équivoque dans le coup de théâtre bien préparé du

25 décembre 800. Charlemagne est à Saint-Pierre pour y assister à la messe de Noël. Agenouillé, il semble prier. Au moment où il s'apprête à se relever, le Pape s'approche et pose sur son front une couronne, pendant que la foule crie trois fois: « À Charles très pieux, Auguste, couronné par Dieu, grand et pacifique empereur des Romains, vie et victoire ! » Le Pape lui oint ensuite le front d'huile sainte, puis, selon le protocole des empereurs romains, il se prosterne devant lui. Sans empereur depuis 476, l'Occident en avait de nouveau un en Charlemagne.

Léon III n'a jamais dévoilé les intentions qui l'animaient ce 25 décembre de l'an 800. Quoi qu'il en fût, c'était avantageux pour lui. En prenant l'initiative, il donnerait l'impression que Charlemagne lui est redevable de son titre d'empereur; que la dignité impériale est une charge qu'il appartient au pape de conférer. L'attitude de Charlemagne semble confirmer cette interprétation. Il ne se gênera pas pour dire que, s'il avait prévu le geste du Pape, il ne serait pas allé à Saint-Pierre. D'ailleurs, il ne remettra pas les pieds en Italie pendant les 14 années de son règne d'empereur.

À partir de ce moment, Charlemagne est empereur et plus que pape sur ses territoires, car il est profondément convaincu d'être supérieur aux hommes qu'il a connus sur le trône pontifical et il se comporte en conséquence. C'est lui qui choisit les évêques et les abbés des grandes abbayes, foyers de vie spirituelle et économique. À ses yeux et de fait, les évêques et les abbés comptent au nombre des fonctionnaires de l'Empire. Avant d'entrer en fonction, ils prêtent le serment suivant: « Je vous serai fidèle et obéissant comme homme lige[2] à son seigneur. » Si Charlemagne a besoin d'un évêque pour travailler à la cour, il le fait venir; s'il a besoin de la cavalerie

2. Lige: qui s'engage à une fidélité absolue, à un entier dévouement.

d'une abbaye, l'abbé la met à sa disposition. De plus, il y a le droit d'hospitalité pour l'Empereur et sa suite, et pour les fonctionnaires à qui il en a donné l'autorisation : à ce droit correspond, pour les abbayes, le devoir de loger et de nourrir tout ce bruyant monde. Charlemagne s'était fait expédier du Mont-Cassin le texte authentique de la *Règle* de saint Benoît. Il ne s'était pas privé de donner un peu d'extension au chapitre 53, sur les hôtes à recevoir.

La confusion du temporel et du spirituel est alors totale; aucune distinction n'est établie ou du moins n'est observée entre les deux domaines. Charlemagne préside toutes les grandes assemblées qui se tiennent sur le territoire de l'Empire, y compris les conciles — seize durant son règne; il légifère sur n'importe quelle question religieuse : repos du dimanche, assiduité aux offices, manière d'administrer le baptême, discipline monastique, etc. Des peines sévères frappent les contrevenants. La plus courante, c'est la peine capitale — on ne s'en prive pas. S'y expose quiconque viole le jeûne du carême, mange de la viande le vendredi ou refuse de se faire baptiser.

Charlemagne entreprend également de réformer le clergé, dont les mœurs et l'instruction laissent trop à désirer. Les prêtres qui se rendent à Rome lui font honte. J'ai dit un mot ci-dessus de leur ignorance et de leurs mœurs. Pour plaire à Dieu, soutient Charlemagne, on ne doit pas se contenter de bien vivre : il faut en outre bien parler. En 789, il réitère à chaque évêché, à chaque monastère et à chaque paroisse l'ordre d'ouvrir une école et, pour donner l'exemple, il en ouvre une dans son palais d'Aix[3]. « Nous nous imposons la tâche de faire revivre, avec tout le zèle dont nous sommes

3. Pour nous, c'est Aix-la-Chapelle à cause de la fameuse chapelle que Charlemagne y fit ériger de 796 à 805. En Allemand, c'est Aachen.

capable, l'étude des lettres, abolie par la négligence de nos devanciers. Nous invitons tous nos sujets, pour autant qu'ils en sont capables, à cultiver les arts libéraux, et nous leur en donnons l'exemple[4]. »

En langage contemporain, nous dirions que les curés des paroisses tenaient des écoles primaires ; les évêques et les abbés, des écoles secondaires ou supérieures, selon le degré d'élévation des études. (Il ne faut pas minimiser ce niveau ; j'en dirai un mot ci-dessous.) Les arts libéraux, dont vient de parler Charlemagne, se divisent en deux groupes : la grammaire, la rhétorique et la dialectique forment le *trivium* (trois voies vers la sagesse) ; l'arithmétique, la géométrie, la musique et l'astronomie forment le *quadrivium*. Ce programme était aussi vaste que la science des professeurs. Par exemple, le mot *grammaire* ne se limitait pas aux règles à observer pour bien parler et bien écrire : il englobait toute la littérature.

L'école d'Aix-la-Chapelle donnait le ton et l'exemple. Elle devint une pépinière d'évêques, d'abbés et de hauts fonctionnaires — l'ENAP de Charlemagne et son grand séminaire... Lui-même y suivait les cours des plus grands esprits du temps, recrutés dans les pays voisins, car il ne trouvait pas dans son Empire, culturellement décadent, les professeurs qualifiés dont il avait besoin. Il alla en chercher en Italie, en Espagne et en Angleterre, pays qui n'avaient pas connu une décadence semblable à celle qu'il déplorait chez lui.

La perle rare de la réforme carolingienne de l'enseignement fut, sans contredit, Alcuin, un Anglo-Saxon « gradué » de l'école cathédrale d'York. Ministre de l'Éducation de Charlemagne, qui avait réussi à le convaincre de venir prendre la direction de sa réforme de l'enseignement, Alcuin dévoile, dans une lettre à son maître, le but qu'il entend poursuivre :

---

4. Étienne Gilson, *La philosophie au Moyen Âge*, Paris, Payot, 1962, p. 189.

« Bâtir en France une Athènes nouvelle, ou plutôt une Athènes bien supérieure à l'ancienne puisqu'elle rehaussera la sagesse de Platon de la sagesse du Christ. »

Excellent pédagogue, Alcuin sait qu'un bon enseignement exige des programmes, des manuels, mais surtout des examens. L'expérience lui a déjà appris que « les examens sont les seules occasions qui soient offertes aux mortels de savoir, pendant quelques jours, quelque chose[5]... » Même les prêtres y sont astreints. L'évêque ou son délégué les soumet périodiquement à des examens oraux portant sur leur connaissance du latin, du dogme chrétien et de la liturgie. Charlemagne ne veut plus qu'on baptise « au nom de la Fille » ou qu'un curé envoie tous ses paroissiens chez le diable parce qu'il ignore la différence entre *amittere* (rejeter... du paradis) et *admittere* (admettre... au paradis). Les aspirants à la prêtrise sont soumis à des examens ; s'ils échouent, l'ordination est retardée.

Pour enseigner la grammaire, il faut multiplier les chefs-d'œuvre de la littérature classique d'expression latine. Le travail s'exécute dans le *scriptorium* des abbayes bénédictines. On y copie non seulement Virgile et Cicéron, mais des auteurs aussi peu édifiants qu'Ovide et son *Art d'aimer*, par exemple. On dit d'Alcuin, jeune moine, qu'il préférait Virgile aux Psaumes et qu'à l'heure de l'office de nuit, il refusait parfois de quitter sa cellule, où il lisait *L'Énéide* en cachette. Devenu plus vieux et directeur d'école, il interdira la lecture de ce Virgile qui lui avait fait manquer l'office de nuit... Ce n'est pas d'hier que des convertis interdisent aux autres l'accès à leurs anciennes sources de plaisir — sans plus de succès au temps d'Alcuin que de nos jours. En effet, l'un des professeurs de son école expliquait, lui aussi, *L'Énéide*, en cachette, dans sa cellule.

---

5. Paul VALÉRY, *Œuvres*, Pléiade, I, p. 1420.

La réforme carolingienne a été une renaissance. Certains la considèrent comme plus importante, dans l'histoire de la culture occidentale, que celle qui se présente sans qualificatif, qui arbore un grand *R* et qu'on situe au XVIe siècle. La renaissance carolingienne n'a cependant pas laissé de chefs-d'œuvre littéraires. Entièrement occupés à renouer avec le passé, ses artisans ont remis en honneur un nombre impressionnant de grands auteurs latins : Virgile, Cicéron, Ovide, Horace, Sénèque, par exemple ; ils ont multiplié les recueils d'extraits et muni les étudiants avancés de l'époque de l'instrument requis pour les goûter, à savoir une connaissance très poussée du latin.

Mais cette renaissance prometteuse n'a pas donné tous ses fruits. Charlemagne en fut le premier responsable. Acclamé comme un empereur romain, il s'est comporté comme un empereur mérovingien. Les empereurs romains ne partageaient pas l'Empire entre leurs fils, sauf Théodose, en 395, pour les raisons que j'ai indiquées : l'Empire, trop vaste, était devenu indéfendable. Huit ans avant sa mort, Charlemagne partage son empire entre ses trois fils. Cependant, ce partage finira par donner trois merveilleux pays : la France, l'Allemagne et l'Italie.

La deuxième cause de l'échec partiel de la réforme carolingienne, ce sont de nouvelles invasions de barbares, des barbares beaucoup plus dangereux que ceux du Ve siècle. À ce moment-là, des peuples s'amenaient, avec femmes, enfants et bagages, pour s'installer dans l'Empire ; au IXe siècle, c'étaient des bandes de pillards, bien entraînés au combat, qui surgissaient à l'improviste pour s'emparer des richesses accumulées dans les villes et les monastères, puis qui regagnaient leur port d'attache. Ils frappèrent de trois côtés à la fois : au nord, les Normands (Norvégiens, Danois, Suédois) ; au sud, les Musulmans ou Sarrasins (les moins dangereux) ; à l'est, les Hongrois ou Mayars (les pires de tous). De chaque côté, on invoquait le ciel: « De la fureur des hommes du Nord, délivre-nous Seigneur », avait-on inséré dans les litanies des saints. À l'est, c'était des flèches redoutables des Hongrois qu'on demandait d'être préservé. Au sud, on demandait d'être protégé contre ces « vrais chèvres » qui se faufilaient dans les montagnes et guettaient les passants dans les défilés. Il y aurait plus de curiosité que d'utilité à suivre ces pillards dans leurs terrorisantes incursions.

Charlemagne fut surtout l'unificateur des royaumes qui morcelaient l'Europe avant lui. En le couronnant empereur, en l'an 800, le pape Léon III avait ajouté au prestige de ce géant. Les plus grands souverains vont se réclamer de lui: Frédéric Barberousse, Charles-Quint, Napoléon, par exemple. Sans Charlemagne, l'évolution de l'Europe, depuis plus d'un millénaire, aurait été différente. On ne parle plus d'Empire, il est vrai, mais on parle d'Occident; on n'a plus à unifier des royaumes barbares, mais on cherche à unifier quand même. Bref, le projet de Charlemagne est toujours vivant.

CHAPITRE 3

La pornocratie pontificale

Charlemagne nous a fourni l'occasion de rencontrer un pape accusé « d'adultère et de scélératesses de toutes sortes ». Il y a là de quoi étonner un catholique du XXe siècle, familier avec des papes au-dessus de tout soupçon : Jean-Paul II, Jean XXIII, Paul VI, Pie XII et quelques autres du même genre sérieux. Ne dit-on pas : sérieux comme un pape ? Il n'en fut pas toujours ainsi : le trône pontifical a été maintes fois occupé par des hommes ambitieux, dévoyés et cruels. Les papes actuels considèrent la papauté comme une théocratie, mais, selon le cardinal Baronius (1538-1607), elle a un jour mérité le nom peu flatteur de pornocratie. Je parlerai de la papauté médiévale sans rien emprunter à des auteurs amateurs de scandales ou anticléricaux[1].

Tout d'abord, l'évêque de Rome n'a porté le titre de « pape » qu'à la fin du IVe siècle ; en 384 précisément. Inusité en Occident, « pape » était le titre courant des évêques d'Orient.

1. Mes sources principales sont les suivantes : Daniel-Rops, *L'Église des temps barbares* ; Augustin Fliche et Victor Martin, *Histoire de l'Église* ; Jean Mathieu-Rosay, *La véritable histoire des papes.*

Des évêques d'Occident le porteront avant qu'il ne soit réservé à l'évêque de Rome. Pendant plus de trois siècles, on parla de l'évêque de Rome comme on parlait de l'évêque de Carthage, de Lyon ou d'Alexandrie. Quand on fait de saint Pierre le premier pape, on commet un anachronisme: saint Pierre a été évêque de Rome.

De plus, jusqu'en 769, un évêque ne changeait pas de diocèse: une règle en vigueur dans l'Église interdisait le transfert du poste d'évêque de Lyon ou d'Alexandrie au poste d'évêque de Rome. Le futur évêque de Rome pouvait être un prêtre, un diacre, voire un simple laïc, mais ni un évêque ni une femme. En 236, par exemple, il fallait élire un évêque de Rome. On proposait des candidats à la foule... Eh oui! à la foule, quand une colombe blanche vint se poser sur la tête d'un certain Fabien, un simple laïc[2]. Le peuple y vit un signe du ciel, et Fabien fut choisi. Un synode tenu en 769 décida de barrer aux laïcs la route de la papauté, mais ce règlement fut enfreint comme à peu près tous les autres du genre. C'est en 882 seulement que, pour la première fois, un homme déjà évêque devint évêque de Rome et pape. Ce faisant, on dérogeait à une règle strictement observée jusque-là.

Dans l'histoire de la papauté, les relations de parenté ne manquent pas d'étonner: on y parle souvent de père, de fils, d'oncle, de cousin, de neveu. Par exemple, Innocent Ier, fils du pape Anastase (399-402), succède à son père sur le siège épiscopal de Rome. Il l'occupera de 402 à 417. Ou encore: Félix, fils d'un prêtre, était père de famille quand il devint pape, et il eut un arrière-petit-fils célèbre, le pape saint Grégoire le Grand. Autre exemple: le sous-diacre Silvère, fils du pape Hormisdas, succéda au pape Agapet, lui-même fils

2. Une colombe s'est posée sur la tête de Jean-Paul II, le dimanche 29 janvier 1995, pendant qu'il s'adressait à la foule.

d'un prêtre. Enfin, Théodore Ier, élu pape en 642, était fils d'évêque.

En 498, le Moyen Âge est à peine commencé, l'Église se retrouve de nouveau — ce n'était pas la première fois — avec deux papes, Symmaque (498-514) et Laurent. Un concile se réunit pour déterminer qui des deux est légitime, mais sans succès. On décide donc de recourir à l'autorité civile. À ce moment-là, c'est un barbare, aux yeux des Romains, Théodoric, qui règne sur l'Italie. Cet Ostrogoth, qui a trempé dans l'hérésie d'Arius, se prononce en faveur de Symmaque. Son choix n'a rien de théologique : Symmaque est opposé à tout rapprochement avec Byzance, ce qui plaît à Théodoric, qui ne tolérerait aucune intervention en Italie de l'empereur romain d'Orient. Mais Laurent ne courbe pas la tête : les partisans des deux papes se font la guerre jusqu'à ce que Laurent se retire, en 505, à la demande de Théodoric.

En 526, Théodoric impose aux Romains un pape selon son cœur. Grâce à l'influence de sa fille, son choix porte sur un diacre, Félix, un excellent candidat. Pour éviter les secousses provoquées par les élections papales, Félix croit sage de désigner son successeur, l'archidiacre Boniface. Le clergé lui fait savoir qu'il ne renonce pas à son droit d'élire le pape, et il choisit Dioscore d'Alexandrie. Encore une fois, Rome a deux papes, car Boniface a été sacré évêque lui aussi. Cependant, Dioscore meurt trois semaines après son élection ; le problème est résolu : le choix de Félix prévaut, et l'Église a comme pape Boniface II.

Lui aussi veut désigner son successeur. Il réunit tous les prêtres et leur fait jurer de choisir Vigile comme prochain évêque de Rome. Le pouvoir civil intervient et exige un nouveau synode. Boniface II admet qu'il a commis un abus de pouvoir. Vigile, qui a vu la papauté lui filer entre les doigts, guette l'occasion. L'impératrice de Constantinople, Théodora, va la lui fournir. La puissante dame a des comptes à régler; Vigile est son protégé, et elle le veut pape. Le pape régnant, Silvère (536-537), va en payer le prix. On lui fait un procès; il est condamné, et Vigile devient pape. Il reste un détail à régler: Silvère n'est pas mort... Vigile manœuvre pour que l'importun soit mis sous sa «protection» et il prend les moyens de briser sa résistance. Silvère abdique, et Vigile le laisse tout simplement mourir de faim. Ce Vigile, premier pape assassin, mais non le dernier, sera pape de 537 à 555.

Un événement majeur dans l'histoire de la papauté médiévale, c'est la formation des États pontificaux et l'accession du pape à la souveraineté temporelle, avec tous les problèmes qui en découleront. Les Lombards menacent Rome, qui ne peut attendre aucun secours de Byzance, avec laquelle elle est en conflit. Le pape Étienne II se tourne donc vers les Francs. Il traverse les Alpes et vient supplier Pépin le Bref de lui porter secours. Pépin s'engage à remettre au pape les terres qu'il arrachera aux Lombards. En 755 et 756, il accomplit sa promesse. Les États pontificaux sont nés. Jusque-là, devenir évêque de Rome excitait peu la cupidité. Désormais, le pape est un roi, et son trône est convoité par de nombreux et féroces aspirants. Chaque nouvelle élection va être un drame.

Le jour même de la mort du pape Paul Ier (757-767), le duc Toto de Népi nomme lui-même son propre frère, Constantin, un simple laïc, comme successeur. Il trouve trois évêques qui acceptent de le consacrer: c'était le nombre requis pour faire un pape. Pendant un an, Constantin essaie en vain de se faire agréer comme pape légitime par Pépin le Bref. Des notables réussissent finalement à s'emparer de ce pape, lui crèvent les yeux et l'enferment dans un couvent. La souveraineté temporelle du pape commençait à porter ses fruits véreux.

Le roi des Lombards tente alors sa chance. Son choix porte sur un moine nommé Philippe. Le jour même de son intronisation, le pauvre Philippe est renversé et rentre vivement dans sa cellule pour ne pas se faire crever les yeux, arracher les oreilles et couper le nez, comme il est d'usage en pareille circonstance. Le lendemain, le parti favorable aux Francs élit un prêtre sicilien, Étienne. Devenu pape, il réunit vite un synode, qui décrète que seul un prêtre ou un diacre pourra dorénavant devenir pape. Ce décret, auquel j'ai déjà fait allusion, barrait aux laïcs la route de la papauté, déjà barrée aux évêques, mais, comme bien d'autres décrets, il ne sera pas toujours respecté.

Un siècle plus tard, l'Église est dirigée par un pape violent et vindicatif, Jean VIII (872-882). Parce que le duc de Naples a refusé de lutter contre les Sarrasins, Jean VIII use de représailles : il fait trancher la tête de vingt prisonniers napolitains. Juste retour des choses, il connaîtra lui-même une fin affreuse. L'un de ses proches lui offrit à boire une coupe de vin empoisonné. Comme le poison tardait à agir, on eut recours au marteau et on lui fracassa le crâne. Cette tragédie inaugurait l'une des époques les plus sombres de la papauté : de 882 à 1045.

Daniel-Rops la décrit ainsi : « À la cruauté l'orgie se mêle, dans des conditions qui découragent le récit, que les scandales du temps des Borgia [XVIe siècle] égaleront, mais ne dépasseront pas. Et, comme aux jours [des Borgia], tenant bien leur rôle dans ces tragédies shakespeariennes, des femmes occupent le devant de la scène, belles, ambitieuses, dissolues, aussi habiles à user de leurs charmes qu'à administrer le poison[3]. » L'influence de ces femmes est telle sur la papauté et sur les papes que le bon peuple murmure : « Nous avons des femmes pour papes ! » Daniel-Rops pense que c'est de là que naquit la légende, absurde selon lui, de la papesse Jeanne.

---

3. DANIEL-ROPS, *L'Église des temps barbares*, Paris, Fayard, 1956, p. 640.

Le premier pape de cette période, Étienne VI, n'occupa le trône pontifical que pendant un an — 896-897 —, mais ce court règne le rendit tristement célèbre. Son prédécesseur, Formose, était un homme d'une pureté de mœurs rare à l'époque, d'une grande austérité de vie, mais d'une ambition que n'assouvirait rien d'autre que le souverain pontificat. Le 18 septembre 891, il atteint son auguste but, mais il réalise bientôt que le bonheur parfait n'est pas de ce monde.

Après sa mort, ses nombreux et cruels ennemis lui font un procès, auquel ils exigent qu'il soit présent en personne, ou plutôt en macchabée! On retire du tombeau qu'il occupait depuis neuf mois le cadavre du vieux pape, on réussit tant mal que bien à l'asseoir sur une chaire, et un diacre, horrifié du rôle qu'on lui impose dans le spectacle, est chargé de répondre au nom du mort. Le pape Étienne VI, successeur de Formose, préside la sinistre assemblée.

Ecoutons Daniel-Rops: « Une cérémonie abominable suivit, où le mort fut dégradé, dépouillé des vêtements pontificaux auxquels collaient les chairs putréfiées, jusqu'au cilice que portait ce rude ascète; les doigts de sa dextre [main droite] furent coupés, ces doigts indignes [selon ses juges], qui avaient béni le peuple[4]. » À la fin du procès, on jette le corps dans un tombeau profane, parmi les corps des étrangers. Mais ce n'est pas assez pour les plus enragés, qui retirent le cadavre pour le jeter dans le Tibre. Il se trouva des gens pour s'indigner d'une telle monstruosité. Le pape Étienne VI fut renversé lors d'une émeute, emprisonné, puis étranglé dans sa cellule. Quant au pauvre Formose, il fut réhabilité; son cadavre, rejeté sur la rive par les eaux compatissantes du Tibre, fut ramené en procession à Saint-Pierre. La légende rapporte que, sur son passage, les statues des saints s'inclinaient pour le saluer.

---

4. Daniel-Rops, *ibid.*, p. 572.

Augustin Fliche fait commencer avec Serge III, pape de 904 à 911, la période la plus triste de l'histoire de la papauté. Ce n'est pas à dire qu'il considère comme décent l'épisode qui précède. Au nom de Serge sont associés les noms de Théophylacte, l'homme le plus influent de Rome à l'époque, le nom de sa femme, Théodora, et celui de leurs deux filles, Marozie et Théodora. Marozie, femme très influente à Rome, disposait de la tiare à son gré. C'est cette période — 904 à 935 — que le cardinal Baronius désigna du nom de *pornocratie.*

Jean X, pape de 914 à 928, a été porté au pontificat par la femme de Théophylacte, Théodora. Elle aussi détenait le pouvoir d'asseoir un homme sur le trône de saint Pierre comme de l'allonger dans son lit. Se croyant en sécurité avec l'appui de la mère, Jean X chercha à ruiner l'influence de Marozie. Mal lui en prit : Marozie provoqua une émeute, le Latran, résidence des papes de 313 à 1304, fut envahi, et Jean X fut étouffé sous un coussin[5].

Le gouvernement de Rome, par Albéric, fils de la célèbre Marozie, coïncida avec un assainissement temporaire de la papauté, soit de 936 à 955, année de la mort d'Agapet II. À la mort de ce dernier, le fils d'Albéric coiffa la tiare et prit le nom de Jean XII. Son âge ? 15 ans, 18 ans ? Moins de vingt, semble-t-il. Il fut pape de 955 à 964, et l'un des plus scandaleux. Comme Caligula, il nomma sénateur son cheval préféré ; il sacra évêque un mignon de dix ans ; il paya avec des calices et des ciboires les services de prostituées. Bref, sous Jean XII, le Latran était un bordel.

Désireux de reconquérir des terres arrachées aux États de l'Église, Jean XII fait appel au roi d'Allemagne. Nouveau Charlemagne, Otton descend en Italie et entre à Rome en triomphateur. Le 2 février 962, Jean XII lui confère la cou-

5. *Histoire universelle,* Gallimard, Pléiade, II, 1957, p. 440.

ronne impériale. Le « Saint Empire romain germanique » est fondé. Dix jours plus tard, le nouvel empereur remet au pape un document qui rappelle deux exigences formulées en 824 : 1) l'obligation d'obtenir l'assentiment de l'empereur d'Allemagne avant de sacrer un pape ; 2) le devoir pour tout nouveau pape de prêter à l'empereur le serment de fidélité. La papauté est sous tutelle.

À peine le couple impérial a-t-il quitté Rome que Jean XII cherche des alliés contre Otton. Il n'a pas de veine : ses messagers sont interceptés. De plus, des rapports sur les mœurs du pape incitent Otton à revenir à Rome en novembre 963. Jean XII avait déjà déguerpi avec les trésors de l'Église... Otton en a marre : il fait jurer aux Romains de ne plus jamais élire de pape sans son accord et, le 4 décembre 964, il démet Jean XII de ses fonctions.

Le jour même, il fait élire un nouveau pape pour prendre la place de Jean XII, toujours vivant. Le nouveau pape est un laïc, en dépit de la décision prise en 769, qui l'interdit formellement. En 24 heures, on fait gravir à ce laïc tous les échelons de la hiérarchie et on l'installe sur la chaire de Pierre sous le nom de Léon VIII. Des mécontents cherchent à le renverser, mais, malheureusement pour eux, l'Empereur, encore à Rome, a tôt fait de mater la rébellion, puis il repart pour l'Allemagne.

Averti de ce départ, Jean XII revient à Rome. Léon VIII a le temps de fuir à son tour, mais ceux de ses partisans qui tombent sous les griffes de Jean XII ont les yeux crevés, les oreilles arrachées et le nez coupé. Quand Otton en est informé, il reprend, indigné, le chemin de Rome pour châtier le monstre, mais, avant son arrivée, un mari revenu de voyage plus tôt que prévu trouve quelqu'un dans le lit de sa femme. Après l'avoir assommé, il arrache les couvertures, reconnaît Jean XII, l'empoigne et le jette par la fenêtre.

Léon VIII, qui avait été le choix de l'empereur en 963, avait fui devant Jean XII et s'était réfugié à la cour d'Allemagne. À la mort de Jean XII, il y réside toujours, mais les Romains l'ignorent et élisent un nouveau pape, Benoît V. Léon VIII rentre à Rome et fait valoir ses droits à la papauté. Comme il avait l'appui de l'Empereur, c'est le pauvre Benoît V qui prit le chemin de l'Allemagne.

Depuis la mort de Léon VIII, en 964, les Romains réclamaient le retour d'Allemagne de leur pape Benoît V, qui vivait en résidence forcée à Hambourg. Otton fit la sourde oreille et, en 965, leur imposa Jean XIII, un fils de la célèbre Théodora la Jeune. Deux mois plus tard, les Romains se révoltent sous les ordres de Pierre, le préfet de la ville ; ils prennent d'assaut le Latran, capturent le pape et l'enferment dans un cachot, hors de la ville. Mais Jean XIII réussit à s'évader et se réfugie auprès d'Otton.

En novembre 966, Jean XIII rentre à Rome ; Otton arrive le mois suivant. Le châtiment des révoltés débute : on pend, on crève des yeux, on bannit. « Quant à Pierre, l'instigateur de la révolte, le pape le fit pendre par les cheveux à la statue équestre de Marc Aurèle. Après ce supplice, il le fit exhiber à travers la ville, nu sur un âne, tourné vers la queue de l'animal à laquelle était attachée une clochette. Après l'avoir ridiculisé de diverses manières, on l'exila en Allemagne[6]. » La haine des Romains pour ce pape féroce monte d'un cran, puis les dévore pendant six ans, car Jean XIII ne meurt qu'en septembre 972.

Son successeur, Benoît VI, est encore un protégé de l'empereur Otton le Grand (912-973), mais ce dernier meurt quelques mois plus tard — en 973. Un certain Crescentius, devenu très influent à Rome, s'empare alors du pape, l'enferme au château Saint-Ange et fait élire l'un de ses protégés, qui prend

6. Jean Mathieu-Rosay, *La véritable histoire des papes*, Paris, Jacques Grancher, 1991, p. 123.

le nom de Boniface VII. Benoît VI étant toujours de ce monde, Boniface VII a un problème de légitimité, qu'il résout en étranglant de ses mains le pauvre Benoît VI. Les Romains se révoltent devant tant de cruauté, et Boniface VII doit se tapir dans le château Saint-Ange. Quand l'assaut y est donné, il réussit à s'échapper en emportant tout ce qu'il peut du trésor de l'Église. Comme il n'est pas un protégé de l'empereur d'Allemagne, il va se réfugier à Constantinople et attendra pendant dix ans l'heure de rentrer à Rome et de se rasseoir sur le trône pontifical.

Boniface VII étant un pape illégitime, Benoît VII, qui lui succède après sa fuite, sera considéré comme le successeur de Benoît VI. Pendant neuf ans, il travaillera à assainir l'Église. À sa mort en 983, Jean XIV lui succède, mais l'empereur Otton II (973-983) décède sur les entrefaites. Voilà venue l'heure qu'attendait Boniface VII. Il rentre à Rome, fait emprisonner Jean XIV et le laisse mourir de faim. Ce meurtrier de deux papes mourra assassiné durant l'année, et l'on traînera son cadavre dans les rues de Rome.

Le successeur de Jean XIV prit le nom de Jean XV. Il régnera pendant onze ans. Un règne qui, comme les précédents, ne fut pas de tout repos. Quand Jean XV meurt, l'empereur Otton III est en Italie. Il use de son influence pour faire élire son chapelain et cousin de 24 ans, un petit-fils d'Otton le Grand, qui prend le nom de Grégoire V. Mais il y a un autre Crescentius qui entend rester le maître à Rome. Dès le départ d'Otton, il met le pape en fuite et installe sur le trône pontifical un antipape, Jean XVI.

Dès qu'il l'apprend, Otton revient à Rome, capture Crescentius, qu'il fait décapiter au sommet du château Saint-Ange. L'antipape en fuite est rattrapé par les soldats de l'empereur, qui lui crèvent les yeux, lui coupent le nez et lui arrachent les oreilles. On le présente dans cet état à Grégoire V, qui le fait promener sur un âne à travers Rome avant de l'enfermer dans un couvent.

Il se trouvait, évidemment, beaucoup de gens pour déplorer que des « vicaires du Christ » déshonorent ainsi leur fonction. Par exemple, au concile de Saint-Basle de Verzy, en 991, l'évêque d'Orléans prend la parole. Il parle d'abord de Jean XII, « plongé dans le bourbier des débauches », puis de Boniface VII, « tout rouge du sang de ses prédécesseurs ». Il conclut en ces termes : « Est-ce à de tels monstres, gonflés d'ignominie, vides de science divine et humaine, que les innombrables prêtres de Dieu répandus par tout l'univers, distingués par leur savoir et par leurs vertus seront légalement soumis ? En conséquence, patientons au sujet des souverains pontifes autant que nous le pourrons et, en attendant, cherchons l'aliment de la parole divine partout où il nous est possible de le trouver[7]. » Le bon évêque ne pensait pas que son discours améliorerait les choses, et il ne les a pas améliorées.

En avril 1024, Benoît VIII décède. Son frère, un simple laïc, encore une fois, malgré le décret qui l'interdit depuis 769, paie le gros prix et se fait élire. En un jour, on lui fait gravir, comme à Léon VIII en 964, tous les degrés de la hiérarchie jusqu'au souverain pontificat, qu'il assumera sous le nom de Jean XIX. Après huit ans de règne, cet incomparable « vendeur du temple » décède et c'est un autre assassin qui le remplace, Benoît IX.

On dit de Benoît IX (1032-1046), qu'il avait 12 ans quand il coiffa la tiare, mais les mœurs et les crimes qu'on lui attribue en supposent davantage : probablement trente. Il fit refleurir au Latran les mœurs qui avaient déshonoré ce palais au temps de Jean XII : les aventures galantes alternent avec les actes de

7. Augustin Fliche, *La réforme grégorienne*, Paris, Louvain, 1924, tome I, p. 13.

cruauté. C'est avec lui que se termine, en 1046, la période la plus sombre de l'histoire de la papauté, que Daniel-Rops décrivait ci-dessus.

Le pontificat de Benoît IX fut pour l'Église l'époque des plus lamentables événements. Au lieu de s'assagir en vieillissant, ce monstre devenait de plus en plus odieux. « Encore s'il n'eût cédé qu'au démon de la luxure ! mais, violent et brutal, il ne reculait, au dire de ses contemporains, devant aucun crime[8]. » Vers la fin de 1044, une violente insurrection éclate dans Rome. Assiégé au Latran, Benoît IX réussit à s'enfuir. Dès janvier de 1045, Silvestre III est élu pour succéder au pape déchu, mais les frères du déchu ne voient pas la situation du même œil. Ils chassent Silvestre III et réinstallent Benoît IX au Latran pour un second pontificat. Pour peu de temps. Jugeant sa situation de moins en moins confortable et désireux de se marier, Benoît IX donne sa démission.

Benoît IX avait pour parrain un prêtre vertueux nommé Gratien. Il lui proposa d'abandonner le souverain pontificat en sa faveur à la condition qu'une pension convenable lui soit assurée. « Acte fut dressé, paraît-il, de cette étrange convention, où certains [...] voudront voir un achat en bonne et due forme de la charge pontificale[9]. » Foncièrement optimiste, Gratien ne voyait que le beau côté de la transaction : d'une part, il débarrassait l'Église de son filleul, indigne de la tiare ; d'autre part, il ne voyait aucun mal à lui assurer une pension qui lui permette de vivre. Et c'est ainsi que le pieux parrain de Benoît IX devint le pape Grégoire VI. Son accession au trône pontifical suscita beaucoup d'espoir chez les chrétiens, exacerbés par les crimes pontificaux.

---

8. Émile AMANN et Auguste DUMAS, *L'Église au pouvoir des laïques*, dans *Histoire de l'Église*, publiée sous la direction d'Augustin FLICHE et de Victor MARTIN, Paris, Bloud & Gay, 1948, tome 7, p. 91.
9 *Histoire de l'Église*, tome 7, p. 92.

Mais Grégoire VI n'avait pas reçu l'aval de l'empereur d'Allemagne. Henri III décide donc de se rendre en Italie à l'automne de 1046 pour régler le cas de Grégoire VI qui, à ses yeux, n'est pas légitime. Grégoire VI vient à la rencontre d'Henri III, qui le prie de convoquer un concile, dont il fixe le lieu et le moment: Sutri, avant Noël. Grégoire VI aurait simplifié les choses en remettant sa démission; comme il ne le fit pas, on le déposa, et l'empereur Henri III put choisir son pape. Ce fut un évêque allemand, le premier des « papes allemands », qui prit le nom de Clément II. Il ne régna que neuf mois et demi.

Qui refait surface? Nul autre que l'infâme Benoît IX, qu'on avait perdu de vue depuis qu'il avait démissionné pour prendre épouse. Avec la connivence de gens influents, Benoît IX se réinstalle au Latran, mais il a trop d'ennemis pour que ce troisième pontificat dure longtemps. L'empereur germanique, Henri III, est mis au courant. On lui propose des candidats. Entre autres, Grégoire VI, que certains lui reprochent d'avoir déposé, mais l'Empereur fait à sa tête. Le jour de Noël 1047, il désigne l'évêque de Brixen. En route vers Rome, sa répugnance pour la papauté croît de jour en jour; n'en pouvant bientôt plus, il rebrousse chemin et rentre en Allemagne. L'empereur réitère son ordre. Benoît IX disparaît comme par enchantement, et l'évêque de Brixen devient pape sous le nom de Damase II. Vingt-trois jours plus tard, le 9 août 1048, il meurt. Tout était à recommencer, mais la mort de Benoît IX allait faciliter les choses: on ne le verrait pas une quatrième fois sur le trône de saint Pierre.

En décembre de la même année, une délégation de Rome arrivait à Worms, où résidait l'Empereur, et lui « demandait un pape ». L'évêque désigné par Henri III prit le chemin de Rome avec des sentiments d'évêque et non de pape. « Il ne se considérerait comme pape que si le consentement du clergé et du peuple romain le portait sur la chaire de Pierre[10]. » Devenu pape, il prend le nom de Léon IX (1049-1054), un excellent pape. Que l'empereur désigne le pape le dégoûtait. C'était une pratique ancienne, et l'on s'était habitué aux ingérences du pouvoir civil dans les affaires de l'Église, mais un mouvement de contestation prenait de l'ampleur.

On attendait de Léon IX qu'il guérisse les deux plaies qui faisaient de l'Église une véritable lépreuse : la simonie et le nicolaïsme. La simonie est plus connue. Elle consistait « dans le trafic des choses saintes contre une valeur pécuniaire, argent ou objet appréciable en argent[11] ». On s'achetait un évêché, une abbaye ou une paroisse comme on s'achète un commerce, un terrain ou une voiture. Le nicolaïsme porte d'autres noms familiers : luxure, impureté, désordre des mœurs. J'y reviendrai.

Les Normands vont assener un dur coup à la réforme entreprise par Léon IX. Bien installés dans le sud de l'Italie, ils énervent le Pape, qui décide, de concert avec l'empereur de Byzance, de leur donner une sévère leçon. Léon IX lève une petite armée et en prend le commandement, mais les Normands apparaissent avant que l'armée byzantine n'ait eu le temps de se joindre à celle du Pape. Ils veulent négocier ; le « général » Léon IX les traite avec arrogance. Le combat s'engage, son armée est écrasée, et il est fait prisonnier.

Dix mois plus tard, après avoir accordé aux Normands tout ce qu'ils exigent pour sa libération, Léon IX reprend, malade et en litière, le chemin de Rome. Humiliée, la chrétienté se demande si c'est bien la place d'un pape de commander une armée. Un mois après sa libération, Léon IX meurt. L'Église lui a conféré l'auréole des saints. Depuis deux siècles,

10. *Ibid.*, tome 7, p. 99.
11. *Ibid.*, tome 7, p. 466.

aucun pape n'était monté sur les autels; on comprend pourquoi.

Le synode du Latran, en avril 1059, vote un décret qui réserve au collège des cardinaux, créé par Léon IX, l'élection du pape. Le peuple, le clergé et l'empereur d'Allemagne devront se contenter d'approuver. Un moindre mal, ce décret, et non le bien absolu, car un cardinal peut être un simple laïc, très jeune: on en connaît de 13, 14 et 15 ans, plusieurs de moins de 20 ans. Lors d'un conclave tenu en 1605, le cardinal jésuite Robert Bellarmin s'indigna de voir que trois membres du Sacré Collège qui n'avaient pas vingt ans obtenaient des votes. Mais le décret réservant au collège des cardinaux l'élection du pape fut bafoué par celui-là même qui l'avait proposé au synode, le cardinal Hildebrand, qui devint le célèbre Grégoire VII, dont il sera question dans le chapitre sur la simonie et le nicolaïsme. Pendant les funérailles de son prédécesseur, Hildebrand tord le bras des cardinaux en provoquant les acclamations de la foule, qui le réclame comme pape: *Vox populi, vox Dei.*

On n'en finirait plus si l'on voulait relever tout ce qui s'est passé d'incroyable dans l'histoire de la papauté. Notons, en passant, le nom de Nicolas Breakspeare, puisqu'il est le seul Anglais à s'être assis sur le trône de saint Pierre, sous le nom d'Adrien IV (1154-1159). Fils d'un prêtre qui s'était dérobé à ses responsabilités paternelles, Nicolas avait traversé la Manche et, presque mort de faim, avait été accueilli dans un monastère. Le petit moribond était du bois de pape; de bon pape.

En 1304, les cardinaux doivent choisir un successeur à Benoît XI. Onze mois d'affrontement entre le parti français et le parti italien n'ont donné aucun résultat. Le roi de France, Philippe le Bel, informé que l'archevêque de Bordeaux est un candidat sérieux, le fait venir et conclut un marché: l'archevêque repart avec l'appui du monarque. Dès que la nouvelle parvient à Pérouse, où les cardinaux sont réunis, l'archevêque de Bordeaux devient Clément V. Trois semaines après l'élection de son pape, Philippe le Bel lui enjoint de nommer dix cardinaux : un Anglais, neuf Français. L'élection du prochain pape en sera facilitée... Clément V, bien qu'évêque de Rome et pape, installe sa cour à Avignon en 1309. Ses six successeurs devaient y résider jusqu'en 1378. Quand Jacques de Molay, le grand maître des Templiers, du haut de son bûcher, a convié au jugement de Dieu, dans l'année même, trois hommes qui avaient entraîné sa perte, il a nommé le roi Philippe, le chevalier Guillaume de Nogaret et le pape Clément.

Grégoire XI fut le dernier pape français d'Avignon. Cardinal à 17 ans, grâce à un oncle pape, Pierre-Roger de Beaufort est élu, dès le premier jour, par un conclave composé de cardinaux français, à part trois italiens et un anglais. À 40 ans, ce cardinal n'est encore que diacre. Ce n'est pas la première fois, on le sait, qu'un homme deviendra prêtre, évêque et pape en l'espace d'une journée ou tout au plus d'une semaine.

Influencé par une religieuse dominicaine, Catherine de Sienne, Grégoire XI décide de rentrer dans son diocèse, Rome, dont il est l'évêque en tant que pape. Il le regrettera amèrement et, sur son lit de mort, se reprochera d'avoir accordé foi à des « prophéties de femme » ! Le peuple de Rome souhaitait ardemment le retour du pape, car l'exploitation des pèlerins constituait la principale source de revenus de la ville : une année sainte était plus payante que des jeux olympiques...

Au passage des cardinaux, qui se rendent au conclave pour donner un successeur à Grégoire XI, le peuple hurle : « Un Romain ou un Italien », sous-entendu : « Pas un autre Français », car il va reprendre le chemin d'Avignon. Après les hurlements de la foule, c'est la foudre qui frappe la salle du conclave, puis les lances des soldats dans la porte. C'en est trop. Terrorisés, les cardinaux s'empressent d'élire l'archevêque de

Bari, un Napolitain. N'étant pas cardinal, l'archevêque est absent. On va le chercher, et il devient pape sous le nom d'Urbain VI, le 18 avril 1378.

Urbain VI se montre d'une arrogance inqualifiable envers les cardinaux, surtout envers les cardinaux français. Exaspérés, ces derniers se réfugient à Anagni puis, le 9 août, s'adressent à toute la chrétienté pour lui expliquer que l'élection d'Urbain VI, s'étant déroulée dans un climat de terreur, est invalide. Le 20 septembre, les treize cardinaux français élisent un nouveau pape, Robert de Genève, qui prend le nom de Clément VII. Même s'ils n'ont pas participé au vote, les cardinaux italiens reconnaissent Clément VII. Il ira s'installer à Avignon. De 1378 à 1449, l'Église aura deux papes et, pendant un certain temps, trois... C'est cette période dramatique de la papauté qui est passée à l'histoire sous le nom de Grand Schisme d'Occident.

Un concile tenu à Pise en 1409 condamne les deux successeurs d'Urbain VI et de Clément VII, qui ont inauguré le Grand Schisme, les dépose, puis en élit un nouveau, Alexandre V. Les deux condamnés n'acceptent pas leur sentence, et l'Église se retrouve avec trois papes ! L'antipape Alexandre V ne régnera qu'une année et sera remplacé par l'antipape Jean XXIII. Bref, de 1378 à 1449, il y aura trois papes pendant six ans ; deux pendant 56 ans ; un seul pendant neuf ans, soit de 1430 à 1439.

Eugène IV, qui régnait alors, est accusé et condamné au concile de Bâle (1431-1449). Le 25 juin 1439, le concile le suspend de ses fonctions et il élit, pour le remplacer, un laïc veuf, père de neuf enfants. Le 24 juillet 1440, ce laïc est couronné pape et il prend le nom de Félix V. Le lendemain, on l'ordonnera prêtre et, assisté de ses deux fils, il chantera la messe. Si faux que l'assistance rira à s'en tenir les côtes. Le 7 avril 1449, Félix V remet sa démission aux pères du concile de Bâle, et l'Église n'a plus, enfin, qu'un seul pape, Nicolas V.

Quant à Félix V, il passait de pape à cardinal, obtenait une importante pension et d'autres avantages. On ne lui creva pas les yeux ni ne lui arracha les oreilles.

Quand le Moyen Âge prend fin, le siège de Pierre est occupé par Nicolas V, un homme digne de la fonction, mais la situation est désolante. De passage à Rome, le cardinal allemand Nicolas de Cuse confiera à un ami: « Tout, absolument tout ce qui se passe ici dans cette Cour me dégoûte. Tout y est pourri. » Hélas! une hirondelle ne fait pas le printemps, et Nicolas V ne fera pas le printemps de la papauté: de nombreux corbeaux noirs se jucheront par la suite sur le siège de Pierre.

La fin de ces calamités ne viendra pas de l'intérieur. Pour recouvrer la santé, un malade doit souvent recourir à la médecine. L'empereur Napoléon sera le premier chirurgien de la papauté. En 1808, il l'ampute des États pontificaux, qu'il incorpore à son empire; en 1809, le drapeau tricolore flotte sur le château Saint-Ange. Au lieu de chanter le *Te Deum*, le pape Pie VII excommunie « tous les brigands qui ont fait main basse sur le patrimoine de Pierre ». Napoléon essaie en vain de lui faire comprendre que la papauté est enfin libre des soucis temporels, qui l'ont empêchée de s'occuper des âmes. Le congrès de Vienne devait restituer au pape presque toutes ses terres. Pour un temps: les Piémontais réussiront là où Napoléon avait échoué. En 1870, ils s'emparent de Rome, et le pape Pie IX se déclare prisonnier au Vatican. Pourtant, jamais un pape n'avait été aussi libre. Ses successeurs le seront enfin tous, et ce seront de grands papes: Léon XIII, Pie X, Benoît XV, Pie XI, Pie XII, Jean XXIII, Paul VI et Jean-Paul II.

Je n'ai relevé qu'un petit coin du voile, mais cela suffit, je pense, pour ébranler l'opinion courante qui imagine des papes puissants et autoritaires; des papes austères, émaciés par les jeûnes et les veilles. En réalité, la plupart étaient à genoux devant les pouvoirs civils, et les mœurs d'un bon nombre laissaient beaucoup à désirer. « J'ai prié, dit Jésus à Pierre, pour que ta foi ne défaille pas. » Sa foi et celle de ses successeurs ; il n'a pas prié pour que leur conduite soit digne de la fonction. Jésus a dit aussi : « Je suis avec vous tous les jours jusqu'à la fin du monde. » Il est présent, mais il n'intervient pas de façon autoritaire : il laisse les salauds commettre leurs saloperies.

CHAPITRE 4

Héloïse et Abélard

Héloïse et Abélard figurent parmi les plus célèbres couples d'amoureux de l'histoire. On dit Héloïse et Abélard, comme on dit Roméo et Juliette ou Tristan et Iseut. On peut même affirmer qu'ils sont grands parmi les grands, car, en plus d'être des personnages historiques, ils ont laissé des écrits que les chercheurs ne finissent plus de scruter et d'interroger.

À cause de l'histoire de ses « malheurs » qu'il a écrite lui-même, Abélard est un des rares Médiévaux que l'on peut suivre dans toutes les péripéties de sa vie privée et de sa vie publique. Il est né en Bretagne, dans un bourg nommé Le Pallet (ou Palais), à vingt kilomètres de Nantes, sur la route de Poitiers, en 1079. Nantes est alors une place forte. Avant d'embrasser la carrière militaire, son père avait reçu une formation en lettres, qui se développa en passion. Il eut à cœur de donner à ses fils la même formation. Laissons la parole à Abélard lui-même.

> J'étais son premier-né : plus grande était sa tendresse pour moi, plus grand fut le soin qu'il apporta à mon instruction. Bientôt l'étude eut pour moi tant de charme que j'abandonnai l'éclat de la gloire militaire, je renonçai à mon héritage et à mon droit d'aînesse en faveur de mes frères [Raoul, Procaire et Dagobert]

et je quittai la cour de Mars [dieu de la guerre] pour grandir dans le sein de Minerve [déesse de la littérature et des arts]. J'échangeai les armes de la guerre contre celles de la logique et je sacrifiai les trophées des batailles contre les assauts de la discussion. Je me mis à parcourir les provinces, me rendant partout où j'entendais dire que cet art était en honneur[1].

Abélard arrive enfin à Paris, où la logique est depuis longtemps florissante. Il a environ 20 ans. Il se présente à Guillaume de Champeaux, considéré comme le maître le plus habile en cette matière, pour obtenir la permission de suivre ses cours. Guillaume est fasciné par le beau et brillant jeune homme. Non seulement il consent à l'admettre comme étudiant dans son école, mais il insiste pour l'avoir comme ami dans sa maison. Déception : Abélard ne tarde pas à devenir casse-pieds ; il rejette certaines idées du maître et il lui arrive d'avoir l'avantage dans la discussion. Pour ses confrères, c'est de la désinvolture, et ils en sont indignés.

Sûr de son talent, Abélard décide, malgré son jeune âge, d'ouvrir sa propre école. Il choisit Melun, ville importante à l'époque et résidence royale. Avant même qu'Abélard l'ait quitté, Guillaume fait des pieds et des mains pour qu'un concurrent aussi redoutable ne s'établisse pas si près. Hélas ! l'infortuné Guillaume compte, parmi les puissants du pays, des jaloux qui épaulent Abélard dans la poursuite de ses fins. Une fois installé à Melun, Abélard cherche à ruiner son ancien maître. De temps en temps, il envoie quelques-uns de ses meilleurs étudiants discuter avec ceux de Guillaume. Ces escarmouches, s'il faut l'en croire, finissent toujours à l'avantage de ses étudiants.

Comme l'éloignement des deux écoles fait languir le combat, Abélard transporte son école à Corbeil, ville située plus

1. *Héloïse et Abélard : Lettres*, Paris, Union Générale d'Éditions, 10-18 ; 188-189, 1964, p. 24.

près de Paris. Les assauts contre la forteresse de Guillaume de Champeaux sont alors plus fréquents. Mais l'excès de travail plonge Abélard dans une « maladie de langueur ». Simple épuisement, sans doute. Pour récupérer, quoi de mieux que l'air natal ? Il retrouve bientôt ses forces et sa fougue, mais il prolonge son séjour en Bretagne pendant quelques années.

De retour à Paris, il a le culot de se présenter devant Guillaume pour suivre ses cours de rhétorique. Guillaume l'accepte — on se demande bien pourquoi —, car ce sera de nouveau pour son malheur. Obsédé par le problème des « universaux », le pauvre Guillaume en parle sans cesse, et Abélard réussit à démolir sa doctrine. C'est de nouveau la rupture, mais Guillaume, en perdant la face, a perdu aussi ses étudiants, qui accourent aux leçons d'Abélard.

Le successeur de Guillaume cède son poste à Abélard et vient humblement s'asseoir parmi les étudiants. Guillaume bouillonne de dépit. Il porte contre ce lâche une accusation infamante ; l'homme est destitué, et Guillaume en fait nommer un autre à sa place pour tenir tête à Abélard, qui retraite vers Melun. Le pauvre Guillaume s'est discrédité et il décide de s'éloigner un peu de Paris. Abélard en profite pour revenir. Il établit son camp sur la montagne Sainte-Geneviève. En apprenant cette nouvelle, Guillaume revient à Paris, et les discussions que les élèves d'Abélard ont avec Guillaume lui-même ou avec ses disciples reprennent de plus belle et avec le même succès.

Sur ces entrefaites, la mère d'Abélard presse son fils aîné de revenir en Bretagne, car son père a pris l'habit monastique, et elle s'apprête à l'imiter. Après la cérémonie, Abélard revient à Paris pour une quatrième fois avec l'intention de se consacrer à l'étude de la théologie, science plus prestigieuse que la logique. Anselme de Laon est considéré comme la plus haute autorité en la matière. Abélard s'y rend pour « entendre ce vieillard ».

Le jugement qu'il porte sur lui est implacable. « Si, incertain d'une question, on allait frapper à sa porte, on en revenait plus incertain encore. Admirable aux yeux d'un auditoire, à cause de sa merveilleuse facilité de parole, il était nul en présence de quelqu'un qui venait lui poser des questions précises. Lorsqu'il allumait son feu, il remplissait sa maison de fumée, mais ne l'éclairait pas. Son arbre tout en feuilles offrait de loin un aspect imposant ; m'étant approché pour en cueillir du fruit, je m'aperçus qu'il était le figuier stérile maudit par le Seigneur. J'assistai de plus en plus rarement à ses leçons. Certains de ses disciples les plus distingués en étaient blessés. À leurs yeux, mon attitude était une insupportable marque de mépris pour un si grand docteur[2]. »

Un jour, des camarades acculent Abélard à relever le défi dont il juge Anselme incapable. « Cherchez un passage de l'Écriture qui n'a pas été usé par les commentaires, et je vais vous l'expliquer », leur lance-t-il avec son assurance coutumière. Tous sont d'accord pour choisir une obscure prophétie d'Ézéchiel. Abélard prend le texte et, avant de se retirer, les invite à revenir le lendemain pour entendre son commentaire. Stupéfiés, tous le conjurent de se donner plus de temps. Piqué au vif, il leur répond : « Demain ou jamais. » Le lendemain, il n'y a au rendez-vous qu'une pincée de curieux et... un éclatant succès. Ses auditeurs le pressent de poursuivre son commentaire. Les sceptiques — absents de la première leçon — accourent aux autres, et ils transcrivent les notes des curieux de la première leçon. Le vieil Anselme se meurt de jalousie. Comment museler ce rival ?

Abélard quitte Laon et rentre à Paris pour une cinquième fois. Il occupera, avec un énorme succès, pendant quelques années de grande tranquillité, la chaire dont il avait été

2. *Ibid.*, p. 29-30.

précédemment expulsé par Guillaume de Champeaux. La réputation du théologien n'est pas inférieure à celle du philosophe. C'est par milliers que les historiens évaluent le nombre de ses étudiants. Il fera allusion à l'argent qu'il en retirait et à la sécurité dont il jouissait pour l'avenir. Il est régent des écoles de Paris, titre qui comporte la dignité de chanoine, mais non la prêtrise. Nous savons qu'à l'époque bien des titres — dont celui de cardinal — ne présupposaient pas l'onction sacerdotale.

L'occasion d'un premier drame, le plus connu, se présenta sous les traits de la séduisante Héloïse. L'occasion ne fit pas le larron ; Abélard nous apprend lui-même que le larron en lui était mûr. Lui qui jusqu'alors avait vécu dans la plus grande continence ; qui avait toujours eu en horreur les prostituées ; que son travail empêchait de fréquenter les femmes nobles et qui n'avait presque aucun rapport avec celles de la bourgeoisie, ne put résister à Héloïse comme jadis David à Bethsabée.

Héloïse est la nièce tendrement aimée d'un chanoine nommé Fulbert, qui n'a rien négligé pour la pousser dans les études. Elle connaît le latin, le grec et l'hébreu. Sa renommée a atteint les bornes du royaume. Elle possède toutes les qualités de corps et d'esprit que recherche Abélard, subitement possédé par le démon de la luxure. Ce sera une conquête facile « tellement il l'emporte sur les autres par la grâce de la beauté et de la jeunesse », pense-t-il modestement... Il élabore sa stratégie. Laissons-lui la parole.

> Par l'intermédiaire de quelques-uns de mes amis, j'entrai en contact avec le chanoine Fulbert. Ils lui proposèrent de me prendre dans sa maison — très voisine de mon école — moyennant une pension dont il fixerait lui-même le montant. J'alléguai pour motif que le soin d'un ménage gênait mes études et entraînait pour moi des dépenses trop lourdes. D'une part, Fulbert était avaricieux ; d'autre part, il cherchait tous les moyens de faciliter les progrès de sa nièce. J'obtins son con-

sentement[3]. Il me confia Héloïse pour que je consacre à son instruction tout le temps que me laisserait mon école, la nuit comme le jour. Il m'autorisait même à la châtier si je le jugeais nécessaire. J'admirais sa naïveté et ne pouvais cacher mon étonnement : confier ainsi une tendre brebis à un loup affamé !

Et Abélard de poursuivre.

Nous fûmes d'abord réunis par le même toit, puis par le cœur. Sous prétexte d'étudier, nous étions tout entiers à l'amour. Les leçons offraient les cachettes que l'amour désirait. Les livres étaient ouverts devant nous, mais il y avait plus de baisers que d'explications ; mes mains revenaient plus souvent à son sein qu'à nos livres. Pour mieux écarter les soupçons de l'oncle Fulbert, il m'arrivait de la frapper : coups donnés par l'amour non par la colère, par la tendresse non par la haine, et plus doux que tous les baumes. Tout ce que la passion peut imaginer de raffinement dans l'amour, nous l'avons vécu. Plus ces joies étaient nouvelles pour nous, plus nous les prolongions avec délire ; nous ne pouvions nous en lasser.

Les cours subissent les contrecoups des nuits consacrées à l'amour. Abélard s'ennuie mortellement à son école. Vidé de son ardeur habituelle, il se contente de répéter ses anciennes leçons. Tout ce qu'il écrit, ce sont des chansons d'amour, devenues populaires dans plusieurs pays. Ses étudiants, il va sans dire, se rendent compte du changement et en sont consternés. Seul Fulbert ne voit rien, ou ne veut rien voir, puisque certaines personnes ont tenté de lui dessiller les yeux. Mais, après quelques mois de « leçons » particulières, ce qui devait arriver arriva : Fulbert surprend les amoureux dans l'ivresse de leurs ébats paraphilosophiques. Le pauvre homme n'en croit pas ses yeux : sa gentille Héloïse... Il est foudroyé.

---

3. Dans la pièce *Abélard et Héloïse*, jouée au théâtre du Bois de Coulonge pendant l'été 1995, c'est Héloïse qui faisait les premiers pas.

Quant à Abélard, vous imaginez bien que Fulbert n'eut pas à lui dire de se rhabiller et de déguerpir.

Chacun des deux amants se lamentait sur le sort de l'autre. La séparation des corps rapprocha les cœurs. Peu après, Héloïse réalise qu'elle va être mère. Loin d'être déçue, elle écrit à son beau Pierre avec des transports d'allégresse et le consulte sur la conduite à tenir. Après discussion, il est convenu qu'elle déserte la maison de son oncle et se rende en Bretagne pour y accoucher dans la maison paternelle d'Abélard, habitée par sa sœur Denyse. Une nuit, Abélard profite de l'absence de Fulbert pour enlever Héloïse et la diriger vers la Bretagne après l'avoir déguisée en religieuse. Elle y reste jusqu'au jour où elle donne naissance à un fils, qu'elle nomme Astrolabe.

Ne trouvant pas sa colombe au nid, Fulbert devient comme fou, nous apprend Abélard. Fou de douleur, fou de confusion, fou de déception. Il songe sans doute à s'attaquer à Abélard, à le blesser, voire à le tuer, mais il craint les représailles des nombreux amis de l'éminent professeur. Touché de compassion devant l'excès de cette douleur, Abélard décide d'aller voir Fulbert. Convaincant comme il en est capable, il parvient à l'apaiser et lui fait même une promesse inespérée : épouser Héloïse. À une condition : que le mariage soit tenu secret, « afin de ne pas nuire à ma réputation », précise Abélard. Fulbert acquiesce en lui donnant sa parole et celle de ses amis, puis il appose sur la réconciliation le sceau de ses baisers.

Pour voir le lien entre le mariage « secret » et la « réputation » d'Abélard, il faut remonter à l'époque où vivent ces deux amants et lire attentivement les raisons qu'ils apportent. Au Moyen Âge, un professeur de philosophie ou de théologie marié aurait été pointé du doigt. Héloïse le sait. Aussi cherche-t-elle à convaincre son amant de chasser cette idée saugrenue de mariage ; elle préfère, à cause de lui, le statut de concubine. Elle s'ingénie à provoquer son aversion pour le genre de vie qu'il mènerait s'il ajoutait les soucis d'une famille aux exigences de son enseignement. Il se doit tout entier à ses milliers d'étudiants et à tous les gens qui attendent la lumière de ses écrits. Son métier de philosophe et de théologien doit l'occuper jour et nuit. C'est ainsi que les gens de l'époque voyaient les choses. En changer, ce serait un déshonneur.

Abélard ne cède pas. Une fois de plus. Après une nuit passée dans une église, les deux amants se marient à l'aube, en présence de Fulbert, de plusieurs de ses amis et d'amis du couple, puis les nouveaux époux se retirent, chacun de son côté. Ils ne se verront plus que rarement et en cachette, car ce mariage doit demeurer secret. Fulbert et les siens ne partagent pas l'opinion d'Héloïse : ils préfèrent de beaucoup une épouse à une maîtresse ou à une concubine. Violant donc la promesse échangée sous serment, ils saisissent toutes les occasions de divulguer le mariage. Héloïse proteste, jurant que c'est faux. Fulbert l'accable de mauvais traitements. Informé de cette situation, Abélard fait admettre son épouse à l'abbaye d'Argenteuil, où elle a reçu sa première éducation. Elle y revêt les habits d'usage, à l'exception du voile, réservé aux religieuses qui ont fait profession. Dans une de ses lettres à Héloïse, Abélard raconte la visite qu'il lui rendit en secret : « Rappelle-toi à quel excès la passion me porta sur toi dans un coin même du réfectoire, faute d'un autre endroit où nous puissions nous retirer ; notre impudicité ne fut pas arrêtée par le respect d'un lieu consacré à la Vierge[4]. »

À la nouvelle de l'entrée au couvent, Fulbert et les siens pensent qu'Abélard les a joués et qu'il a placé son épouse à Argenteuil pour s'en débarrasser. Trop, c'est trop : une vengeance exemplaire s'impose. Une nuit, pendant qu'Abélard se repose dans une chambre retirée, son serviteur, moyennant

4. *Ibid.*, p. 148.

une somme d'argent, le livre aux gens de Fulbert. « Ils me tranchèrent, dit Abélard, les parties du corps avec lesquelles j'avais commis la faute dont ils se plaignaient, puis ils prirent la fuite. Deux d'entre eux, qu'on réussit à rattraper, furent privés des yeux et des organes de la génération. L'un d'eux était ce serviteur attaché à ma personne, que la cupidité avait poussé à la trahison. »

« Le matin venu, nous dit encore Abélard, toute la ville était rassemblée autour de ma maison. » Les nouvelles se répandaient vite à l'époque. Il se dit incapable de décrire le spectacle : étonnement, stupeur, gémissements, pleurs. Ses disciples le « martyrisent » de leurs lamentations et de leurs sanglots. Leur compassion est plus douloureuse que sa blessure. L'histoire de ce déshonneur sans précédent va se répandre dans le monde. Il pense à la peine que vont éprouver ses parents et ses amis. Où aller ? Partout, on va le montrer du doigt. Devant cette situation, plus par honte que par vocation, il décide de se faire moine.

Parmi toutes les abbayes qui s'offrent à lui, Abélard choisit la plus prestigieuse, Saint-Denis. Il y revêtira l'habit religieux en même temps qu'Héloïse prendra le voile à Argenteuil. Le malheureux se fera détester des moines, d'abord, en leur reprochant leur conduite scandaleuse. « L'abbé, dit-il, tenait le premier rang moins par son titre que par la dissolution et l'infamie notoire de ses mœurs. » À plusieurs reprises et avec violence, Abélard s'élève, tant en privé qu'en public, contre ces comportements indignes de moines. Il se fera détester, en second lieu, en prouvant aux moines que leur saint patron n'est pas Denys l'Aréopagite, converti par saint Paul et dont parlent les *Actes des Apôtres*, mais un Denis sans prestige particulier. Une nuit, aidé de quelques moines et de quelques disciples, il s'évade. Après des péripéties qu'il serait trop long de rapporter, il reprend son enseignement.

Deux autres épreuves attendent cet homme, épié par de solides ennemis et de nombreux jaloux: une première condamnation au concile de Soissons et une seconde au concile de Sens. Son livre sur la Trinité le conduit à Soissons. Deux de ses mortels ennemis l'ont scruté à la loupe, y ont découvert des « erreurs » et ont demandé au légat du pape en France de tenir un concile à Soissons, en 1121, pour trancher la question. Trancher ! Quel mot pour Abélard ! Tout le monde sait qu'il est condamné d'avance: ses juges sont ses accusateurs et ses ennemis. « Appelé au concile, je m'y rendis sur-le-champ, écrit-il, et là, sans discussion ni examen, on me força à jeter de ma propre main mon livre au feu et je le vis brûler. » La sentence comportait aussi la réclusion perpétuelle dans un monastère, mais le légat, qui a agi par contrainte, le libère après quelques jours.

Abélard continue d'enseigner et d'écrire. Ses accusateurs de Soissons s'adressent à de nouveaux censeurs, dont le redoutable Bernard de Clairvaux — notre saint Bernard. Un concile imposant se réunit à Sens en juin 1140. Le soir, Bernard convoque les « juges » en séance privée. On extrait dix-neuf opinions que l'on juge condamnables et sur lesquelles Abélard devra s'expliquer le lendemain. Une foule nombreuse est réunie dans la cathédrale. Bernard dénonce les erreurs de maître Pierre et l'invite à prendre la parole. Coup de théâtre: il refuse de parler et en appelle à Rome.

Le lendemain, il prend la route de Rome. Rendu à la célèbre abbaye de Cluny, il se présente à l'hôtellerie. On s'empresse de prévenir l'abbé, Pierre le Vénérable, un homme qui, aux yeux de ses contemporains, incarne la bienveillance. « Je vous accueillerai comme un fils », lui avait-il écrit vingt ans plus tôt. C'est ce qu'il fit. Il réussit facilement à le convaincre de s'offrir quelques jours de repos. Ce délai suffit au sage abbé pour dissuader son fougueux hôte de poursuivre sa route vers

Rome. Par sa bonté et son tact, Pierre le Vénérable fera d'un tigre un agneau. Abélard se réconciliera même avec Bernard et mènera la vie d'un moine exemplaire. Le 21 avril 1142, âgé de 63 ans, il mourait à Saint-Marcel-de-Chalon, car, à cause d'une très souffrante maladie de la peau, Pierre le Vénérable l'avait envoyé dans cette partie plus salubre de la Bourgogne.

En l'absence de Pierre le Vénérable, c'est un moine de Cluny qui informe Héloïse de la mort d'Abélard. Mais, dès son retour, Pierre le Vénérable lui écrit une lettre on ne peut plus touchante. Il lui parle longuement de l'admiration et de l'affection qu'il a pour elle; il lui avoue que cette affection remonte fort loin dans ses souvenirs. Il lui parle ensuite d'Abélard, « l'homme qui vous appartient ». « Dieu le réchauffe aujourd'hui dans son sein, à votre place ou plutôt comme un autre vous-même. » À la fin des temps, « il vous le rendra, il vous le réserve ».

Héloïse avait demandé à Pierre le Vénérable de lui remettre le corps d'Abélard afin que, conformément à son désir, il soit inhumé à l'abbaye du Paraclet, où elle était alors abbesse. Pierre voulut y assister en personne. Il fit donc, furtivement, enlever le corps du cimetière de Saint-Marcel-de-Chalon et l'escorta lui-même jusqu'à la chapelle édifiée jadis par Abélard et ses élèves. Pierre le Vénérable rencontrait Héloïse pour la première fois, le 16 novembre 1142. Il célébra la messe dans la chapelle et s'adressa aux religieuses. La lettre de remerciement qu'elle lui adressa est le dernier écrit que nous ayons d'elle. Le 16 mai 1164, âgée de 63 ans elle aussi, elle allait rejoindre Abélard, son époux.

Le moins qu'on puisse dire, c'est qu'Abélard ne laissait personne indifférent : on l'aimait à la folie ou bien on le détestait à mort. Il avait le don de torpiller les idées reçues, de tisonner les intelligences par ses questions et de les inciter à s'en poser. Bref, à douter. Au début de son *Dialogue entre un philosophe, un juif et un chrétien*, il dévoile la conviction qui sous-tend ce comportement. Quel que soit l'objet du respect qu'on inculque à l'enfant, l'adulte y reste obstinément fidèle. Gardez-vous donc, en conséquence, de tenir pour sacro-saint ce qu'on vous a enseigné quand vous étiez enfant. En matière de foi, par exemple, Abélard constate que personne ne semble avoir le droit d'interroger ni de mettre en doute ce que tout le monde affirme. Saint Bernard, horripilé, en constate les résultats: « À peine a-t-il sevré ses écoliers du lait de la logique qu'il les engage dans des discussions sur les mystères de la foi. On ne voit dans les rues et les places publiques que des gens qui discutent de la foi catholique. » (Les temps ont bien changé, mon bon saint Bernard...) Si vous êtes intéressés à compter les coups — quelques-uns assez bas — que saint Bernard a portés à Abélard, lisez les lettres du Saint. Vous verrez comment le « docteur melliflue » se métamorphosait en « grenouille criarde ».

Abélard a fait sa marque en morale; il a insisté sur la responsabilité personnelle, une responsabilité que chacun assume en suivant toujours sa conscience. « Dès lors que nous n'agissons pas contre notre conscience, écrit-il, nous ne devons pas craindre d'être coupables aux yeux de Dieu[5]. » Penseur avant-gardiste, il a exposé, huit cents ans plus tôt, l'argument que le chanoine Jacques Leclercq développe contre l'abstinence du vendredi[6]. « Autrefois, écrit le chanoine, on ne s'occupait que des riches, et on a l'impression que l'Église même ne pensait qu'à eux. [...] Imposer à titre de pénitence de manger une fois par semaine du poisson, à des gens qui ne mangent jamais de viande, ou n'en mangent pas une fois par semaine, qui, de plus, sont trop pauvres pour acheter du poisson — car le

5. Contrairement à ce que certains pourraient penser, cette opinion n'a pas été condamnée à Soissons ni à Sens.

6. Jacques Leclercq, *Maintenant*, n° 33, septembre 1964.

poisson est le plus souvent un aliment cher — n'est-ce pas une dérision ? [...] Un incroyant comprendra-t-il jamais qu'il y ait péché mortel à manger une bouchée de viande un vendredi, et qu'il n'y ait pas la plus petite faute morale à faire le banquet le plus raffiné, pourvu qu'il soit conforme à la règle ? Caviar, huîtres, langoustes, etc. »

Comparons avec ce que disait Abélard au XIIe siècle. « Actuellement, si nous nous abstenons de viande, est-ce un si grand mérite, quand nos tables sont chargées d'une quantité superflue d'autres aliments ? Nous achetons à grands frais toutes sortes de poissons ; nous mélangeons les saveurs du poivre et des épices ; gorgés de vin, nous y ajoutons encore des boissons et des liqueurs fortes. L'excuse de tout cela, c'est l'abstinence de viandes à vil prix[7]. »

Contre le latin, que l'Église utilisait encore tout récemment, Abélard protestait déjà. Comment répondre « amen », dit-il, si l'on n'a pas compris le sens de la prière qui a été faite ? Aussi voyons-nous souvent dans les églises des gens simples faire des prières qui leur sont nuisibles. En changeant une lettre d'un verbe latin qu'ils ne comprennent pas, ils demandent à Dieu de les écarter des biens éternels au lieu de les y admettre. Ici, au Québec, des communautés où l'étude du latin était interdite récitaient quand même l'office en latin. À la messe, le prêtre se tournait vers la foule pour dire : « *Ite, missa est* » — allez, la messe est terminée —, mais on retenait la foule, car un zélé avait ajouté un dernier évangile, sans que personne n'ait pensé à déplacer l'ordre de quitter.

C'est dans la recherche de la vérité que la contribution d'Abélard mérite le plus d'être soulignée. Il a fait de sa méthode le titre de son livre le plus percutant : *Sic et non* — Oui et non. Bien avant Descartes, il a compris que le doute

7. *Héloïse et Abélard : Lettres*, Paris, 10-18, 188-189, 1964, p. 224.

mène à la recherche et, pour faire naître le doute dans les esprits, il confronte les auteurs : les oui d'un côté, les non de l'autre. Les certitudes sont torpillées, le doute envahit les esprits. Chaque opinion est ensuite examinée, critiquée, nuancée, retenue ou rejetée, mais jamais en invoquant une autorité. Contrairement à ce que pensent bien des gens, le *magister dixit* — le maître l'a dit — n'a rien de médiéval.

CHAPITRE 5

Les corporations ouvrières

Léon XIII nous intrigue quand il écrit, dans sa célèbre encyclique sur *La condition des ouvriers (Rerum novarum)*, publiée en 1891 : « Le dernier siècle a détruit, sans rien leur substituer, les corporations anciennes, qui étaient pour les ouvriers une protection. » Pour Léon XIII, le dernier siècle, c'était le XVIIIe. En France, l'Assemblée constituante abolissait, le 2 mars 1789, les corporations ouvrières, qui avaient connu des heures de gloire au Moyen Âge.

On situe communément aux XIe et XIIe siècles l'apparition des corps de métier, petites associations des artisans exerçant le même métier, dans une même ville. Les objectifs poursuivis sont les mêmes à ce moment-là que de nos jours : promouvoir les intérêts communs des membres et combattre les ennemis communs. Voici quelques-uns de ces ennemis : les artisans étrangers qui viennent vendre leurs produits dans la ville ou s'y installer, accaparant une partie du travail et des revenus ; les artisans des métiers connexes qui empiètent sur le domaine des autres ; enfin, les gens mêmes du métier qui nuisent à la réputation du métier en livrant de mauvais produits ou qui enseignent le métier à trop d'apprentis.

Le corps de métier comprend les apprentis, les ouvriers (appelés d'ordinaire *valets* à Paris et plus tard *compagnons*) et les maîtres. Chaque classe est strictement réglementée.

L'apprenti signe un contrat dont les clauses doivent être conformes aux statuts du corps de métier en question. Le nombre des apprentis qu'un maître peut s'adjoindre est déterminé et fort restreint : d'ordinaire, un ou deux ; rarement trois. La raison ? Pour les mieux diriger et les mieux former. On fait une exception pour les fils du maître, qui peuvent être apprentis, quel que soit leur nombre. De plus, le temps d'apprentissage est également fixé, et il est étonnamment long : au moins trois ans, mais le plus souvent huit, dix ou douze. Même raison : un métier difficile ne s'apprend pas en quelques mois... Cependant, fallait-il vraiment jusqu'à douze ans pour apprendre certains métiers difficiles ? Les apprentis avaient beau en douter, ils n'avaient pas le choix. Officiellement, les corps de métier voulaient former des ouvriers, puis des maîtres habiles, mais on soupçonne qu'ils étaient inspirés avant tout par la crainte de rendre le métier moins rentable en admettant trop de candidats.

Le maître qui fait signer un contrat à un apprenti s'engage à le loger, à le nourrir et à le vêtir. Si, pendant sa formation, un apprenti se marie et désire s'installer ailleurs, pour des activités que le maître n'a pas à contrôler, ce dernier est tenu de lui verser un salaire. Il va de soi que le maître doit apprendre tous les secrets du métier à son apprenti. Après la longue épreuve de l'apprentissage, l'apprenti devient ouvrier ou valet.

L'ouvrier ou valet jouit d'une plus grande liberté, ses obligations et ses droits sont mieux définis et mieux protégés. Le nombre d'ouvriers n'est pas déterminé comme celui des apprentis : il dépend du carnet de commandes du maître. Les ouvriers sont engagés à la journée, à la semaine ou à l'année. Seuls les maîtres ont le droit d'embaucher des ouvriers de leur métier. Il est interdit aux ouvriers d'aller travailler pour un particulier sans passer par un maître, sauf s'il s'agit du roi ou de quelque autre personnage important. Pas de travail au noir... Bref, c'est le maître qui est contracteur.

Les heures de travail sont fixées, la plupart du temps, d'après la durée du jour. Elles sont donc plus nombreuses en été qu'en hiver. Dans certains métiers qui demandent moins de lumière, les statuts permettent le travail de nuit. L'ouvrier à qui on l'impose touche une augmentation de salaire. Mais, dans beaucoup de métiers, le travail de nuit est interdit.

Les travailleurs se reposent à partir de quatre heures le samedi jusqu'au lundi matin. Mais il y a, en plus, quatre-vingt-dix fêtes chômées. Le total des dimanches et des fêtes chômées donne 142 jours de congé sur 365. On travaille donc 223 jours. Bref, tout le monde jouit à peu près d'une année actuelle d'enseignant... De plus, les ouvriers peuvent prendre un mois de vacances. Nos travailleurs de la construction prennent quinze jours en juillet ; eux, c'était tout le mois d'août, mais sans solde.

Comme il est difficile de supprimer une fête chômée, le savetier de La Fontaine se plaindra, quelques siècles après le Moyen Âge : « On nous ruine en fêtes », répond-il au financier qui l'interroge sur ses revenus. Qu'il soit difficile de supprimer une fête chômée, on en a des exemples dans presque toutes les conventions collectives. Quand la Toussaint a cessé d'être une fête d'obligation, les employés de la SAQ ont continué de chômer ce jour-là. En 1700, il restait au Québec 37 fêtes d'obligation à observer sous peine de prison ou d'amende. En 1744, à la demande des cultivateurs, ce nombre tombe à 19. En 1997, il n'en reste que deux : Noël et le Jour de l'An. Toutes les autres anciennes fêtes d'obligation sont maintenant célébrées le dimanche. L'Église n'accorde plus que 54 jours de congé : les syndicats et les gouvernements compensent, de sorte que le nombre de jours chômés est à peu près le même.

Au Moyen Âge, un ouvrier ne pouvait pas être congédié sans raison. Dans certains métiers, un comité formé de quatre maîtres et de deux ouvriers se prononçait sur les raisons du congédiement. Les statuts reconnaissaient à l'ouvrier le droit d'être employé dans sa corporation de préférence à tout étranger, et ils interdisaient souvent aux maîtres de frustrer l'ouvrier de son droit au travail en se faisant assister par leurs voisins ou même par leurs femmes. En 1321, par exemple, une querelle s'élève chez les foulons. Ces ouvriers, spécialisés dans le foulage des draps, accusent leurs patrons de prendre trop d'apprentis; d'engager des étrangers pour faire exécuter du travail hors de leur maison; de s'entraider pour étendre les draps sur les cordes et pour les en ôter. Ils eurent gain de cause, et le tribunal statua qu'à l'avenir il serait interdit aux patrons d'utiliser ces moyens qui enlèvent du travail aux ouvriers.

Les maîtres sont des ouvriers qui ont acquis le droit d'exercer un métier à leur compte, d'avoir leur propre commerce, leur propre boutique. Pour être privé de ses droits, un maître doit commettre une faute grave, et ce sont les maîtres du métier qui en décident, comme cela se fait de nos jours dans la plupart des professions. Les maîtres transmettent leurs droits à leurs femmes, et les veuves peuvent continuer le commerce de leur mari, s'il s'agit d'un métier où les femmes sont admises.

Le travail est minutieusement réglementé, car la corporation assure le monopole à ses membres. Il faut donc trouver des moyens, faute de concurrence, pour assurer la qualité des produits, pour éviter les falsifications et les fraudes de toutes sortes. Des règlements minutieux fixent la quantité et la qualité des matériaux utilisés, le poids, la forme et le mode de fabrication des produits. Chaque métier a ses règlements particuliers. Par exemple, il est interdit aux bouchers de vendre de la chair de chien, de chat ou de cheval. On impose une peine au marchand qui pose une vieille serrure à un meuble neuf ou une vieille pièce à une serrure neuve. Il est interdit de mêler le chanvre et le lin dans une même corde.

Les règlements ne suffisent pas : il faut s'assurer qu'ils sont respectés. Le maître est tenu de surveiller ses ouvriers. Par exemple, si un drapier a deux métiers à tisser, il lui est interdit d'en installer un dans un local situé d'un côté de la rue et le second de l'autre côté : la surveillance en souffrirait. Comme de nos jours, le maître aussi a besoin de surveillance. C'est pourquoi il lui est interdit de travailler seul à l'écart ; il doit exercer son métier à la vue du grand public, d'où ces établis dressés près de la fenêtre du rez-de-chaussée. Les passants peuvent voir ce que le boucher met dans son saucisson. Hélas ! nous ne sommes plus au Moyen Âge !

En outre, chaque métier a ses inspecteurs, susceptibles d'arriver à l'improviste dans un atelier pour voir si les règlements sont observés. Parfois, ce sont les fabricants eux-mêmes, fiers de la qualité de leurs produits, qui invitent les inspecteurs pour qu'ils en attestent. Comme de nos jours encore, les inspecteurs disposent de sceaux qui indiquent l'origine du produit — pays ou ville — ou sa qualité.

Pour protéger encore davantage leur monopole, les corps de métier imaginèrent une autre exigence : le chef-d'œuvre ! Chef, du latin *caput*, tête. Le chef-d'œuvre, c'était une œuvre capitale, qu'un artisan devait exécuter pour devenir maître dans son corps de métier. Cette exigence est apparue au XIIIe siècle ; elle s'est répandue au XIVe, pour devenir une pratique générale au XVe. L'artisan qui échoue à cet examen n'a pas le droit d'ouvrir sa propre boutique : dépité, il continue de travailler sous les ordres d'un maître.

La nature du chef-d'œuvre varie selon les métiers, et elle varie à l'intérieur d'un même métier qui comporte plusieurs spécialités. Parfois, on laisse au candidat la liberté de choisir le sujet de son chef-d'œuvre, mais, dans la plupart des cas, le travail à exécuter est déterminé par les jurés ou par les statuts.

L'exécution du chef-d'œuvre est minutieusement réglementée afin d'éviter les fraudes toujours possibles. Le candidat loue, dans la maison de l'un des jurés ou d'un maître, une chambre où il travaillera seul. En entrant, il fermera la porte à clef; en sortant, il remettra la clef au propriétaire, qui s'est engagé par serment à ne l'aider d'aucune façon et à ne permettre à personne de venir l'aider. Règlement difficile à faire observer, car le candidat prend parfois plusieurs mois pour exécuter son chef-d'œuvre. Comment l'empêcher de prendre conseil quand il se retire chez lui, voire de faire fabriquer à l'extérieur une pièce de son chef-d'œuvre? Les jurés viennent souvent voir comment les choses se déroulent.

Quand le travail est terminé, les jurés se réunissent, examinent l'œuvre, puis lui confèrent ou lui refusent le statut de chef-d'œuvre. Si c'est un chef-d'œuvre, le candidat prête serment d'observer toujours les règlements du métier, et il devient maître, c'est-à-dire qu'il peut désormais avoir son propre atelier, avec une inscription du genre: Maître Untel, orfèvre.

Il y a cependant encore quelques petites exigences à rencontrer. Par exemple, le futur maître doit verser une somme à la confrérie, dont nous parlerons dans un instant; indemniser beaucoup de monde: les membres du jury pour le temps qu'ils lui ont consacré; le propriétaire de la pièce où il a travaillé; le maire ou le juge pour l'enregistrement de la maîtrise; enfin, il doit offrir un dernier banquet à toutes les personnes qui l'ont assisté — même aux gloutons qui se sont maintes fois empiffrés à ses frais pendant le cours de son travail.

Jadis, nous avions, au Québec, l'UCC, la CIC, la JOC, etc. L'union *catholique* des cultivateurs; la corporation des instituteurs *catholiques*; la jeunesse ouvrière *catholique*. Partout, il y avait des aumôniers: chez les policiers, chez les pompiers, chez les chauffeurs de taxis. Rien d'étonnant que le Moyen Âge chrétien ait donné une dimension religieuse à ses corps de métier. Les statuts du corps de métier s'adressaient au citoyen et à l'artisan; ceux de la confrérie voulaient atteindre l'homme et le chrétien.

La confrérie se propose de réunir en une seule grande famille tous les hommes d'un même métier. Pour y parvenir, elle mise sur la foi chrétienne et sur le plaisir de joyeuses et fréquentes rencontres. Chaque confrérie se place sous la protection d'un saint patron ou d'une sainte patronne. Par exemple, les orfèvres ont saint Éloi; les menuisiers et les charpentiers ont saint Joseph; plus puissantes et plus polyvalentes, sainte Anne et la Vierge Marie assument la responsabilité de plusieurs confréries.

Chaque confrérie a sa chapelle, où l'on se réunit pour les messes en l'honneur du saint patron ou de la sainte patronne, mais surtout pour les mariages et les funérailles des membres de la confrérie et des proches parents. Si quelqu'un se découvre une raison de s'absenter, il la soumet à un comité, faute de quoi il encourt une amende. Après la messe, lors d'un mariage, tous les invités sont conviés à la noce et, souvent, ils passent la journée au cabaret. Parfois, la noce se célébrait dans un établissement de bain public, comme nous verrons dans un chapitre subséquent. Chaque confrérie a ses marques distinctives: insignes, bannières, etc., comme jadis ou encore nos ligueurs du Sacré-Cœur, nos dames de sainte Anne, nos enfants de Marie, nos chevaliers de tout acabit.

Vint un jour où les ouvriers allèrent travailler de pays en pays; vint un jour où les marchands furent obligés de voyager pour vaquer à leurs affaires. Les uns et les autres eurent alors besoin de corporations plus larges. De plus, un fossé s'était peu à peu creusé entre les ouvriers et les patrons. De presque égaux qu'ils étaient au XIIIe siècle, ce sont les maîtres qui décident seuls au XVe. Les ouvriers ou compagnons ripostent donc en formant leurs propres associations.

Le « compagnonnage » est une association de secours mutuels, nécessaire à l'ouvrier du XVe siècle, errant de ville en ville, de pays en pays. Quand un ouvrier arrive dans une ville nouvelle, il se rend à la maison « mère » de l'association et, à certains signes, se fait reconnaître comme un artisan du métier. Ce titre lui donne droit à un traitement qui nous étonne : on le nourrit, on l'héberge, on lui prête de l'argent s'il en manque et, comble de tout, on lui assure du travail. Si le travail peut se partager, on en donne une part au nouveau venu, avec, comme conséquence, des journées moins longues et moins lucratives pour certains ; si le travail ne peut pas se partager, il est de règle que le plus ancien cède sa place au nouveau venu. Cependant, à son arrivée dans une autre ville, ce « plus ancien » jouit des droits d'un nouveau venu.

Souvent, un autre compagnon décide de partir avec le plus ancien. À deux, la route paraît moins longue, mais elle est surtout moins dangereuse. Les ouvriers du Moyen Âge avaient ainsi l'occasion de boucler leur « tour de France » et d'acquérir une expérience inestimable en allant travailler dans plusieurs villes. Ces ouvriers itinérants se rencontraient dans les hôtelleries, trinquaient et se racontaient mille aventures.

L'association purement ouvrière du compagnonnage procura à ses membres un pouvoir considérable et une plus grande sécurité. S'ils sont mécontents, les compagnons se mettent en grève ou boycottent un patron ou une ville. En semblable occurrence, l'obéissance aux mots d'ordre lancés par les dirigeants ne se discute pas. Les fonds communs et le crédit de la « mère » [nous dirions : de la centrale] permettent aux ouvriers de tenir tête aux patrons pendant longtemps.

Certaines autorités accusaient ces associations de faire monter le coût de la vie par les augmentations de salaire injustifiées — selon elles — qu'elles obtenaient pour leurs membres et de perturber le climat social par des grèves longues et brutales. Tout naturellement, ces associations cherchaient à embrigader tous les ouvriers d'une même profession et se servaient de moyens discutables contre ceux qui se faisaient tirer l'oreille.

Jean Gimpel décrit une situation qui fait blêmir nos syndicats les plus coriaces: «Pour décider les paysans à travailler, il fallait leur promettre ce qu'ils voulaient et pour ne pas perdre ni sa moisson, ni sa récolte de fruits, il fallait satisfaire les exigences les plus invraisemblables des travailleurs[1].» Vers 1375, le poète John Gower décrivait en ces termes le climat social: «Tout va de mal en pis en ce bas monde: bergers et vachers exigent pour leur labeur plus que le bailli acceptait autrefois pour lui-même. Ah! quelle époque[2]!»

La piété des fidèles a sans doute contribué à la construction des cathédrales, mais ces admirables monuments font avant tout l'orgueil d'ouvriers spécialisés, jaloux de leurs bons salaires et de leurs privilèges. Ils ne supportaient pas les gens prêts à se tuer à l'ouvrage pour un salaire réduit ou pour gagner des indulgences... Un certain Renaud de Montauban l'a appris à ses dépens, mais la leçon ne servit qu'aux autres: les maçons l'assommèrent à coups de marteau, jetèrent son cadavre dans le Rhin, puis continuèrent à bâtir la cathédrale.

Les progrès du libéralisme, à la fin du XVIIIe siècle, rendirent les corporations impopulaires. Un édit de Louis XVI, en 1776, en décréta la suppression, mais elles furent rétablies pour quelques années, après la chute de Turgot, inspirateur de cette

---

1. Jean Gimpel, *La révolution industrielle au Moyen Âge*, Paris, Seuil, Points, Histoire ; H 19, 1975, p. 205.
2. *Ibid.*, p. 206.

mesure, pour être définitivement abolies par l'Assemblée constituante, le 2 mars 1789. Jamais la condition des ouvriers ne fut plus pénible qu'après la Révolution française, dont on ne retient que la prise de la Bastille.

En lisant ces pages, on établit forcément des comparaisons entre ces associations ouvrières du Moyen Âge et nos syndicats. L'impression globale est nette : nous n'avons rien inventé. Même crainte du produit et du travailleur étrangers, même contingentement des professions et des métiers pour préserver le monopole, mêmes barrières entre les différents métiers, mêmes grèves perturbatrices du climat social, mêmes exigences égoïstes. Par contre, nous sommes peut-être en train de retrouver ce que les associations médiévales avaient de meilleur : le travail partagé — forcément le revenu — et la place à faire aux nouveaux venus.

CHAPITRE 6

Les troubadours

Avant de décortiquer le beau mot de *troubadour*, rendons-nous dans le nord de la France, où le personnage qu'on appelait troubadour dans le sud s'appelle trouvère. Ici, tout est facile: la physionomie du mot est celle même de sa racine. En effet, le mot *trouvère* vient de trouver. Le trouvère est un trouveur; il trouve, il invente. Troubadour a le même sens. Dans le sud, trouveur se disait *trobador*, d'où nous est venu troubadour. Qu'est-ce que le trouvère et le troubadour trouvaient? Des paroles pour célébrer l'amour et de la musique pour le chanter. Les troubadours étaient des hommes ou des femmes auteurs-compositeurs. L'existence de femmes troubadoures est aussi méconnue que celle des sorciers.

La personne qui interprétait leurs chansons avait nom jongleur ou jongleresse, du latin *jocari*, qui signifie plaisanter, badiner, s'amuser. Le *joculator*, nom dérivé du verbe *jocari*, est un personnage plaisant, agréable, amusant, rieur, railleur. Comme interprète du troubadour ou du trouvère, le jongleur récitait ou chantait des vers en s'accompagnant d'un instrument de musique. C'est lui qui allait de château en château pour interpréter les chansons des troubadours. On en a la preuve chez Azalais de Porcairages, une troubadoure, qui termine ainsi l'une de ses chansons : « Jongleur, qui avez le cœur gai, emportez là-bas, vers Narbonne, ma chanson. » (Il ne faut quand même pas conclure que les troubadours étaient sédentaires.) Par opposition au jongleur, le ménestrel est, lui aussi, un jongleur, mais qui occupe un emploi stable à la cour d'un grand personnage ; il exerce un ministère, du latin *ministerium*, d'où vient ménestrel. Cependant, le métier de jongleur exigeait bien d'autres talents que ceux de musicien et de chanteur. Le jongleur du Moyen Âge était également un conteur, un acrobate, un faiseur de tours ; il présentait des animaux dressés ; il actionnait des marionnettes ; à l'occasion, il était marchand d'herbes et d'onguents. Le mot *jongleur* n'a plus ce sens de nos jours, comme tout le monde sait.

Les troubadours sont apparus dans le sud de la France lors de la renaissance du XIIe siècle, qui comportait un nouvel art de vivre, plus humain, plus raffiné. Comme il s'est développé dans les cours seigneuriales, l'adjectif *courtois* a servi à le qualifier. On parlera d'idéal courtois, de vie courtoise, d'amour courtois et de courtoisie. Jusque-là, les nobles étaient occupés par la guerre, la chasse et les tournois. Une profonde transformation va se produire dans les mœurs et l'idéal de vie. La volonté de puissance, le faste et le luxe vont s'éclipser devant de nouvelles valeurs, devant plus de raffinement.

Le signe évident de ce raffinement, c'est la place de plus en plus importante que la femme occupe dans ce milieu. Elle suscite une délicatesse inconnue au temps où le noble était essentiellement un guerrier ; on l'entoure d'honneur : elle n'est plus, comme au temps barbare, un simple objet du désir sexuel et une faiseuse d'enfants. L'amour courtois, ce style nouveau de relations entre l'homme et la femme, va naître, s'épanouir, puis s'essouffler pendant les XIIe et XIIIe siècles. La manifestation la plus originale de cette révolution des mœurs, c'est précisément l'amour courtois et le goût des choses de l'esprit, incarnés dans l'art des troubadours. Cette révolution a débuté dans le sud de la France.

Les troubadours sont des poètes, mais aussi des musiciens. Leur poésie est faite pour être chantée par un interprète qui s'accompagne d'un instrument; elle n'est pas faite pour être seulement écrite, imprimée, lue ou récitée. L'art des troubadours se développe donc sur deux plans indissociables: paroles et mélodie. On dit de l'un d'eux qu'il avait habileté à trouver de belles paroles et de gaies mélodies. Dans la langue de l'époque: *aveia sotilessa et art de trobar bos motz e gais sons.* Si l'une des deux composantes de cet art devait primer sur l'autre, ce serait la musique. On disait alors que les chansons de tel ou tel troubadour étaient célèbres par la beauté de leurs airs, malgré la médiocrité de leurs vers.

Et je reviens aux femmes troubadoures. Quand on entend le mot *sorcellerie*, à peu près tout le monde pense à des femmes. On étonnerait si l'on parlait d'une chasse aux sorciers au lieu d'une chasse aux sorcières. Il en est ainsi du mot *troubadour*; un troubadour, pour l'immense majorité des gens, c'est un homme. Eh bien, non: il y eut beaucoup de femmes troubadoures dans le sud de la France, au XIIe siècle. Au moins vingt, d'après les manuscrits dont nous disposons, mais, comme cela remonte à plus de 800 ans, elles furent, certes, beaucoup plus nombreuses. En effet, dans 800 ans, de combien de nos auteurs-compositeurs l'histoire aura-t-elle conservé le nom? Toutes ces femmes, semble-t-il, étaient des épouses ou des filles de seigneurs; des troubadours s'étaient agenouillés devant elles pour leur réciter un compliment.

Quand on dit que le XIIe siècle a inventé l'amour, c'est de l'amour courtois qu'il s'agit. Cet amour, hérité des troubadours, diffère essentiellement de l'amour « sans complications, ni complexes » qui se vivait dans les premiers siècles du Moyen

Âge, écrit Henri-Irénée Marrou[1]. Cet amour des temps barbares était un amour sans pudeur, qui ne s'embarrassait pas des convenances. Marrou donne l'exemple des « robustes ébats » de la princesse Berthe, fille de Charlemagne, avec le poète Angilbert. Une nuit où il était allé la rejoindre dans sa chambre, une bonne couche de neige recouvrit le sol. Le matin venu, le poète ne fut pas peu désemparé : comment regagner son appartement sans que ses pas dans la neige ne le trahissent ? Comme on n'est pas au temps de l'amour courtois, Berthe charge son amant sur ses épaules et le reconduit dans son quartier, sans se soucier des traces qu'elle laisse dans la neige immaculée. Au temps de cet amour barbare, la femme aime le guerrier ; elle se nourrit de la gloire qui rejaillit sur lui ; elle n'aspire qu'à se donner à lui ; elle l'attend et, s'il ne revient pas, elle meurt en silence. En avance sur son temps, la fille de Berthe au grand pied préférait le poète...

Avec l'amour courtois, les choses changent du tout au tout. C'est au tour de l'homme, maintenant, d'aimer et de languir. Ce nouvel art d'aimer apparaît soudain dans l'œuvre du premier troubadour, le comte de Poitiers, duc d'Aquitaine sous le nom de Guillaume IX. Avant sa « conversion », le comte de Poitiers est cynique et grivois. Il a une maîtresse, une vicomtesse prénommée Dangereuse. Lui, il l'appelle Maubergeonne, c'est-à-dire la mal hébergée, car il la loge dans une tour inconfortable du château. Excommunié par l'évêque de Poitiers, il brandit son épée, puis rengaine en disant : « Je te hais trop pour te juger digne de ma haine et je ne veux pas t'envoyer de ma main au paradis. » Au légat du pape, qui l'avait excommunié lui aussi, il lance, en regardant la tête chauve du bonhomme : « Le peigne te frisera la tête avant que j'abandonne ma vicomtesse. »

1. Henri-Irénée Marrou, *Les troubadours*, Paris, Seuil, Points ; Histoire, H 5, 1971, p. 99.

Selon Marrou, les « pieux chroniqueurs nous racontent, en se voilant la face », comment Guillaume rimait et chantait ses facéties et faisait rire son auditoire à gorge déployée. La moitié des onze chansons conservées de lui correspondent bien à cette description. Notons qu'il s'adresse alors à ses compagnons de noce. Dans l'une d'elles, par exemple, il compare deux destriers — chevaux de bataille au Moyen Âge — qu'il a dans son écurie. Il semble on ne peut plus sérieux, mais, au 24e vers, on apprend que ces deux montures sont des femmes, Dame Agnès et Dame Arsen… Dans une autre aventure, on retrouve Agnès alors qu'Arsen est devenue Ermessen. Guillaume raconte comment il s'est fait passer pour muet auprès des deux dames et quels exploits il a accomplis en huit jours à leur service : « 188 fois ; de quoi s'en rompre courroies et harnais. »

Mais, ô surprise, les quatre dernières chansons de ce taureau sont admirables. Ce sont les quatre premiers vrais poèmes d'amour courtois. Tout le répertoire et l'art des troubadours s'y trouvent. On n'est plus entre compagnons, mais au salon. Guillaume parle de sa Dame, « plus blanche qu'ivoire. La joie qui vient d'elle peut guérir les malades ; sa colère, tuer le plus en santé. » Mais l'essentiel, c'est l'amour ; un amour qui n'est pas désincarné : « J'en mourrai si elle ne me baise en chambre ou au jardin. »

Ce n'est plus le guerrier qui parle ; ce n'est plus le personnage grivois qui fait rire ses compagnons, mais un homme plein de délicatesse, d'humilité, de réserve : « Si ma Dame me veut son amour donner, je suis tout prêt à recevoir et rendre grâces, à tout cacher, à la servir, tout dire et faire à son plaisir. » L'amour est la raison d'être de cet homme nouveau : « Car sans Elle je ne puis vivre, tant j'ai pris de son amour grand faim. » Il est la source de sa joie : « Toute la Joie du monde est à nous, ô Dame, si tous deux nous aimons. »

Guillaume IX, premier troubadour, nous a initiés à un tout autre système de valeurs : le domaine enchanté du nouvel amour, de l'amour courtois. Avec lui, l'amour courtois est déjà devenu ce qu'il ne cessera pas d'être. Négativement, il se présente comme un refus de confiner l'amour à la sexualité. Il n'y a pas trace de « courtoisie » chez l'homme uniquement préoccupé de séduire une femme pour la conduire au lit. Gardez-vous de croire, cependant, que l'amour courtois exclut le lit. Ceux qui l'ont affirmé avaient pourtant des arguments : « Le plaisir de cet amour se détruit quand le désir trouve son rassasiement. » Ou encore : l'amour courtois rend chaste ; il ne réclame rien d'autre qu'un baiser de la bouche de la bien-aimée et de la serrer dans ses bras. On est justifié d'en douter.

Un chercheur a recueilli, dans les chansons de Bernard de Ventadour, les désirs « chastes » qu'il exprime à la bien-aimée. Il s'offre à l'aider à se déshabiller, ou bien il sollicite la faveur d'assister à son déshabillage, de contempler son beau corps étendu sur le lit, de se coucher à côté d'elle, d'en obtenir un baiser, de la prendre et de la serrer dans ses bras, de la couvrir de caresses et de l'attirer à soi. La comtesse de Die, troubadoure, écrira des choses semblables : « Je me suis pourtant égarée, que ce soit au lit ou vêtue... Que je voudrais, mon chevalier, tenir un soir en mes bras nus, car son âme irait jusqu'aux nues si je lui tenais lieu seulement d'oreiller ! Si jamais près de vous quelque soir je m'étends, vous donnant amoureux baiser, sachez quelle ivresse j'aurai à vous avoir ainsi en place de mari. » Quand René Nelli[2] soutient, en dépit de ces propos, qu'« à toutes les vertus que requérait l'amour chevaleresque, l'amour courtois ajoutait la *castitatz* [la chasteté] », on s'interroge sur la nature de cette chasteté qui se permettrait tout, sauf...

---

2. René Nelli, *L'érotique des troubadours*, Toulouse, Édouard Privat, 1963, p. 65.

Parce que la série des désirs formulés par Bernard de Ventadour et la comtesse de Die s'arrête là, certains naïfs ont conclu qu'un troubadour ne désirait rien de plus. Ce n'est pas l'opinion de Marrou. À son interrogation indirecte, au sujet des troubadours — *utrum copularentur* [s'ils copulaient] —, il répond qu'il n'est guère permis d'en douter si on sait lire de nombreux passages de Bernard de Ventadour lui-même et d'autres troubadours. Un seul exemple ; il est d'Arnaud Daniel : « Le jour où ma Dame et moi nous baisâmes et me fit bouclier de son beau manteau bleu. » Pour Marrou, un tel passage ne comporte aucune équivoque.

Il reste vrai, quand même, que l'amour courtois ne se présente pas comme étant obsédé par la sexualité. Même si le processus se termine vraisemblablement comme on sait, ses débuts sont empreints de délicatesse, d'attention, de souci de l'autre. Dans son *Art d'aimer*, le moine André le Chapelain donne de judicieux conseils : « En amour, ne jamais demander plus que ne veut accorder l'aimée. Car l'amour s'amoindrit si l'amant excède la mesure ou ne respecte pas assez la pudeur ou la réserve de l'aimée. Il n'y a nul plaisir à ce que l'on prend malgré elle. » Il met aussi en garde contre l'excès de la sexualité, qui constitue un danger pour le véritable amour.

Est-il superflu d'attirer l'attention sur le fait que les désirs exprimés ci-dessus par Bernard de Ventadour n'ont pas pour objet la légitime épouse, mais de nobles dames auxquelles les troubadours faisaient la cour ? Pour eux, l'amour comme ils le conçoivent est impossible dans le mariage. Aussi rien d'étonnant que l'Église ait réagi à cette morale sexuelle trop permissive à son goût. Le Christ n'avait-il pas dit : « Quiconque regarde une femme avec le désir dans son cœur a déjà commis l'adultère » ? Le 7 mars 1277, l'évêque de Paris, Étienne Tempier, procède à des condamnations : le livre sur l'amour courtois du moine André le Chapelain est frappé.

Cette condamnation ne précipita pas la chute de la poésie des troubadours et de l'amour courtois, qui aura duré deux siècles, les XIIᵉ et XIIIᵉ, ce dernier sentant déjà la décadence. Marrou examine deux hypothèses susceptibles d'expliquer cette décadence et cette mort. Il se demande d'abord si cet amour a été vraiment vécu ou bien s'il ne s'agissait pas tout simplement d'un exercice de l'esprit, d'une fiction poétique. Dans cette hypothèse, il semble normal qu'une passion simulée, non alimentée par la vie réelle, ne fasse pas long feu; presque anormal qu'elle dure quand même deux siècles!

Selon l'autre hypothèse, l'amour courtois a été réellement vécu. De ce point de vue, il est une impasse; il accule l'âme noble à la conversion. Et c'est ce qui s'est vérifié historiquement. Des études faites, il ressort qu'un tiers des troubadours sur lesquels nous possédons des données suffisamment précises ont terminé leur vie dans un monastère. Après avoir cru, pendant un temps, qu'« être amoureux, c'est tendre vers le ciel à travers une femme », ils en sont venus à penser, à la lumière de l'expérience, que la vie au monastère y conduirait plus directement...

L'influence des troubadours sur la littérature et sur les mœurs a été considérable. La poésie des troubadours s'est répandue dans tout l'Occident, et elle a adouci les mœurs. Selon Marrou, « ôter à l'amour la résonance profonde que lui ont conférée les troubadours, ce serait sombrer dans la barbarie ». Sur certains points, nous reconnaissons l'influence des troubadours dans des comportements contemporains envers les femmes, mais il est sûr que les troubadours seraient stupéfiés de la violence qui leur est faite.

CHAPITRE 7

La technique et les inventions

Dans un livre au titre étonnant: *La révolution industrielle du Moyen Âge*, Jean Gimpel, un passionné de l'histoire des techniques, affirme que, « du XIe au XIIIe siècle, l'Europe occidentale connut une période d'intense activité technologique et c'est l'une des époques de l'histoire des hommes les plus fécondes en inventions ». Les ignorants ne sont pas seuls à ignorer cette particularité du Moyen Âge. L'expression *révolution industrielle* évoque pour nous l'Angleterre du XVIIIe siècle: les machines qui remplacent les travailleurs, les travailleurs qui brisent les machines voleuses d'emplois, les femmes et les enfants exploités honteusement dans les usines, la semaine de soixante-dix heures et d'autres horreurs.

Mais pourquoi donc connaissons-nous si peu ou si mal le Moyen Âge de la technique et des inventions? La raison de cette ignorance vivait encore chez nous au début du siècle. Quand l'Université Laval fut fondée, en 1852, elle ne comptait encore que les quatre facultés des universités médiévales: théologie, médecine, droit et arts. La faculté des sciences a mis bien du temps à s'imposer, et les étudiants en sciences étaient regardés de haut par les autres. Pensez donc: on entrait à cette pseudo-faculté sans la robe nuptiale du baccalauréat ès arts! Il y avait là des gens sans aucun vernis de latin ni de grec. Les intellectuels ont toujours méprisé le travail manuel et le travail technique des ingénieurs, et ils ne se sont pas intéressés aux gens qui s'y adonnaient.

La première révolution industrielle date du Moyen Âge. Les XIe, XIIe et XIIIe siècles ont créé une technologie sur laquelle la révolution industrielle du XVIIIe siècle s'est appuyée pour prendre son essor. Contrairement à ce que l'on pourrait penser, les découvertes de la Renaissance n'ont joué qu'un rôle limité. En Europe, dans tous les domaines, le Moyen Âge a développé, plus qu'aucune autre civilisation, l'usage des machines. C'est un des facteurs déterminants de la prépondérance de l'Occident sur le reste du monde.

La principale machine du Moyen Âge, c'est le moulin: moulin à eau, moulin à vent, moulin actionné par la marée. L'énergie hydraulique revêt l'importance du pétrole ou de l'électricité au XXe siècle. Les monastères, ces PME du Moyen Âge, rendent à l'énergie hydraulique un vibrant hommage:

> Un bras de rivière, traversant les nombreux ateliers de l'abbaye, se fait partout bénir par les services qu'il rend. [...] La rivière s'élance d'abord avec impétuosité dans le moulin, où elle est très affairée et se remue, tant pour broyer le froment sous le poids des meules, que pour agiter le crible fin qui sépare la farine du son. La voici déjà dans le bâtiment voisin; elle remplit la chaudière et s'adonne au feu qui la cuit pour préparer la bière des moines si les vendanges ont été mauvaises. La rivière ne se tient pas pour quitte. Les foulons établis près du moulin l'appellent à leur tour. Elle était occupée à préparer la nourriture des moines, maintenant elle songe à leur habillement. Elle ne refuse rien de ce qu'on lui demande. Elle élève ou abaisse alternativement ces lourds pilons, ces maillets ou, pour mieux dire, ces pieds de bois et épargne ainsi aux [moines] de grandes fatigues [...]. Que de chevaux s'épuiseraient, que d'hommes se

> fatigueraient les bras dans ces travaux que fait pour nous la gracieuse rivière à laquelle nous devons nos vêtements et notre nourriture ! Quand elle a fait tourner d'un mouvement accéléré tant de roues rapides, elle sort en écumant ; on dirait qu'elle est broyée. Au sortir de là, elle entre dans la tannerie, où elle prépare le cuir nécessaire à la chaussure des [moines] ; elle y montre autant d'activité que de soin, puis, elle se divise en une foule de petits bras pour visiter les différents services, cherchant diligemment partout ceux qui ont besoin de son aide, qu'il s'agisse de cuire, tamiser, broyer, arroser, laver ou moudre, ne refusant jamais son concours. Enfin, pour compléter son œuvre, elle emporte les immondices et laisse tout propre[1].

La société médiévale remplaça le travail manuel par le travail des machines[2].

Les administrateurs que Guillaume le Conquérant dépêcha, en 1086, pour recenser les biens du royaume d'Angleterre nous fournissent quelques chiffres sur le nombre impressionnant de ces précieux auxiliaires de l'homme. Pour une partie de l'Angleterre dont la population s'élève à 1 400 000 habitants, les recenseurs de Guillaume ont inventorié 5624 moulins. Une certaine rivière comptait 30 moulins sur 16 kilomètres, soit un moulin à tous les 500 mètres. À Paris, au début du XIVe siècle, il y avait environ 70 moulins flottants amarrés sur la rive droite de la Seine. Ce phénomène s'explique par la rentabilité, comme s'explique de nos jours toute prolifération analogue.

Beaucoup de ces moulins étaient possédés en copropriété. En France, au XIIe siècle, les citoyens de Toulouse formèrent une société par actions, la Société du Bazacle. La valeur des actions fluctuait avec le rendement des moulins. Ces actions

1. Jean Gimpel, *La révolution industrielle au Moyen Âge*, p. 11-12.
2. *Ibid.*, p. 9.

s'achetaient et se vendaient librement sur le marché. Selon Jean Gimpel, « la Société du Bazacle est sans doute la plus ancienne entreprise capitaliste du monde ». Elle ne fut nationalisée qu'au XXe siècle.

Un moulin médiéval représente un investissement important et, pour cette raison, il est protégé par la loi. Le propriétaire a le droit d'interdire la construction d'un moulin susceptible de nuire au sien, ou bien il peut demander une compensation financière. Cette coutume était encore en usage au XIXe siècle.

Là où les cours d'eau à flot rapide sont peu nombreux ou gèlent en hiver, l'énergie hydraulique présente de sérieux inconvénients. Les ingénieurs médiévaux se tournent alors vers l'énergie éolienne. Mais les courants d'air sont plus capricieux que les courants d'eau : ils soufflent un jour dans un sens, dans l'autre le lendemain. Beau problème à résoudre. Les ingénieurs médiévaux imaginèrent d'installer le mécanisme du moulin sur un pivot central qui s'accommoderait des caprices du vent. Au XIIe siècle, les moulins à vent se multiplient, et ils sont si lucratifs que le pape Célestin III (1191-1198), qui avait un grand besoin d'argent, ne résista pas à la tentation de les taxer. Les moulins lui apparaissaient comme des « bergeries remplies de laine et de lait », selon le mot de Nicolas de Clamanges.

Les ingénieurs médiévaux s'intéressèrent aussi à l'énergie des marées et surent la capter. Les moulins à marée sont utiles dans les régions où le courant des rivières n'est pas assez fort pour faire tourner les roues des moulins. On érige donc des barrages pour former des étangs artificiels. Un système d'écluses, ouvrant dans les deux sens, permet à la marée montante de remplir les étangs ; à la marée descendante, la pression de l'eau ferme automatiquement les écluses. Le meunier ouvre les vannes quand le niveau de la mer est suffisamment bas pour former une chute capable de faire tourner la roue de son moulin. Tributaires des marées, ces moulins ne jouèrent pas un bien grand rôle dans l'économie médiévale, même si leur nombre alla grandissant jusqu'au XIXe siècle.

Le génie médiéval se manifesta de manière éclatante dans l'exploitation des carrières. L'extraction de la pierre était une industrie d'une importance telle qu'elle supporte la comparaison avec l'exploitation du charbon au XIXe siècle ou du pétrole au XXe. Le sous-sol de la France était d'une richesse inégalée en bonnes pierres de taille. Les carrières à ciel ouvert se comptaient par dizaines de milliers ; les carrières souterraines ressemblaient à de véritables labyrinthes. Paris se mérita la réputation de « ville suspendue » avec ses 600 hectares de galeries souterraines, serpentant sur 300 kilomètres — 100 de plus que le métro de Paris.

Les carriers creusent de longues galeries parallèles coupées de galeries transversales. L'ensemble forme une sorte de damier. Certaines galeries superposées comptent jusqu'à trois étages. Pour prévenir les effondrements, qui pourraient les écraser, les carriers laissent des piliers ou bien ils en construisent. Malgré ces précautions, leur métier était très dangereux. De plus, ils souffraient très souvent de silicose, et l'humidité n'était pas moins néfaste pour les articulations que de nos jours. Enfin, comme un malheur ne vient jamais seul, ces travailleurs étaient plutôt mal rémunérés.

Le coût d'un chargement de pierres étant égal au coût de son transport par voie terrestre sur une distance de 18 kilomètres environ, les constructeurs trouvent là matière à exercer leur génie inventif. Avant d'ouvrir un nouveau chantier, ils prospectent les environs afin de savoir où se trouve la carrière la plus proche ; pour diminuer le poids de la pierre à transporter, ils la taillent dans la carrière même. Ils inventent des machines pour charger et décharger les pierres. Comme le transport par voie d'eau a toujours été le plus avantageux, ils n'hésitent pas à creuser des canaux pour faire circuler les péniches chargées de pierres.

Après la pierre, le fer. « On a pu dire que l'Âge du fer commença réellement avec le Moyen Âge[3]. » Un moine franciscain, Barthélémy l'Anglais, fait l'éloge de ce métal : « À de nombreux points de vue, le fer est plus utile à l'homme que l'or, bien que les plus cupides convoitent l'or plus que le fer. Sans le fer, le peuple ne pourrait pas se défendre contre ses ennemis ni faire prévaloir le droit commun ; les innocents assurent leur défense grâce au fer, et l'impudence des méchants est châtiée par le fer. De plus, tout métier manuel demande l'emploi du fer, sans lequel nul ne pourrait cultiver la terre, ni construire une maison[4]. »

L'une des raisons de l'importance du fer tient à la nécessité de ferrer les chevaux de trait et ceux des chevaliers. On fabrique les fers à cheval en quantité industrielle. En préparant la troisième croisade, Richard Cœur de Lion commande 50 000 fers. L'importance croissante des armures de combat contribua également beaucoup au développement de la sidérurgie — d'un mot grec qui signifie forgeron. Il fallut fabriquer des cottes de mailles, protection indispensable quand apparut la puissante arbalète à ressort de métal. En agriculture, le fer servait à renforcer les outils, mais, comme ce métal coûtait cher, on ne renforçait que le côté tranchant des bêches, des pelles et des socs de charrue. Dans la construction, le fer était utilisé pour la fabrication de nombreux outils et d'une étonnante variété de clous aux noms bizarres : braggenayl, knopnayle, spyking, lednail, stotnayl, etc.

Sans les progrès techniques réalisés à cette époque, la révolution industrielle du XVIIIe siècle aurait été impossible.

---

3. Jean GIMPEL, *ibid.*, p. 37.
4. *Ibid.*

Les ingénieurs médiévaux, les premiers, adaptent l'énergie hydraulique à la métallurgie : une vraie révolution. On construit, pour marteler le fer, des moulins hydrauliques qui libèrent les forgerons du travail de l'enclume. La frappe est beaucoup plus régulière, et le poids des marteaux atteint jusqu'à 1600 kg. On fabrique des marteaux de 300 kg, qui assènent de 60 à 120 coups à la minute ; d'autres plus légers — de 70 à 80 kg —, qui frappent jusqu'à deux cents coups à la minute.

Grâce à des soufflets actionnés par la force de l'eau, on parvient à élever à 1540°C la température à l'intérieur des fours. C'est la température de fusion du fer. Désormais, on connaît la fonte. Jusque-là, on n'utilisait que le fer spongieux, forgé au marteau pendant qu'il est encore rouge. Maintenant, on fond le fer et le coule au lieu de le marteler. La fabrication de la fonte marque une étape capitale, en Europe, à la fin du Moyen Âge. Un document de 1323 mentionne un fourneau équipé de souffleries hydrauliques, mais on admet généralement que le premier véritable haut fourneau date de 1380.

Nouvel objet d'étonnement, les techniques agricoles. Les bêtes de trait vont prendre une valeur inestimable, et l'on va assister à une véritable promotion du cheval comme force motrice pour les labours et le transport. Dans l'Antiquité, la force motrice des chevaux était si faible que ces bonnes bêtes ne collaboraient pas aux travaux des champs. Les Anciens attelaient les chevaux comme s'ils étaient des bœufs, des courroies remplaçant le joug. Dès que les pauvres bêtes se mettaient en marche, les courroies les étouffaient et les forçaient à rejeter la tête en arrière, comme le montrent bien certaines sculptures. On comprend alors que l'empereur romain Théodose ait émis, en 438, un décret interdisant des chargements de plus de 500 kg.

Les gens du Moyen Âge imaginèrent un collier rigide, appuyé sur les épaules, qui ne gênait en rien la respiration. Les fers cloués, en protégeant les sabots dans les terrains rocailleux, accrurent encore davantage le rendement du cheval. Et c'est ainsi que le cheval transporta des charges jusqu'à dix fois supérieures à la limite imposée par l'empereur Théodose et qu'il fut utilisé pour les labours, de préférence au bœuf, aussi fort, mais moins rapide et moins endurant. Le cheval coûtait plus cher, cependant.

Mais l'invention qui exerça le plus d'influence sur l'agriculture médiévale, ce fut la mise au point de la charrue munie d'une roue, comme nous la connaissons aujourd'hui. Ce formidable instrument comprend un coutre, un soc et un déversoir recourbé, qui rejette la terre de côté. On en fabrique à deux roues pour qu'elles se déplacent plus facilement d'un champ à l'autre. Le laboureur qui guide une telle charrue contrôle aisément la profondeur et la régularité des sillons. Cette charrue puissante permit le défrichement et la mise en valeur de vastes territoires jusque-là inexploités.

L'usage généralisé de cette charrue eut d'importantes répercussions. Tout d'abord, il fallut employer plusieurs bêtes de trait : on fit des attelages de 6 à 8 bœufs, ou de 2 à 4 chevaux ; parfois, on associait les chevaux et les bœufs dans un même attelage. Pour manœuvrer en bout de champ un attelage aussi lourd, il fallut modifier la topographie traditionnelle et former des champs de plus grande dimension. Enfin, le coût d'un tel équipement ne permettait pas à chaque fermier de se le procurer. Les fermiers se groupèrent donc, comme il serait souhaitable qu'ils le fassent davantage de nos jours encore pour certaines machines. Ces inventions régnèrent jusqu'à l'arrivée du tracteur, pendant la deuxième moitié du XXe siècle.

Si l'on demandait quelle est la machine qui caractérise le mieux l'esprit inventif des gens du Moyen Âge, un interlocuteur averti répondrait sans hésiter : l'horloge. Les humains cherchaient depuis des millénaires des moyens de mesurer l'écoulement du temps. Ils avaient utilisé d'abord l'ombrage de simples tiges enfoncées dans le sol, ensuite les cadrans solaires, puis l'horloge à eau ou clepsydre et enfin le sablier. C'est pendant la seconde moitié du XIIIe siècle que des recherches sont menées pour trouver une solution mécanique au problème que posent les horloges à eau dans les pays froids. Giovanni di Dondi, un Italien, aurait fabriqué la première horloge mécanique à la fin du XIIIe siècle ou au début du XIVe. Le mouvement de ces premières horloges était assuré par la chute d'un poids attaché à une corde enroulée autour d'un cylindre. À partir de la seconde moitié du XIVe siècle, les horloges et les pendules mécaniques se multiplient. Nous pouvons encore admirer deux pendules parfaitement conservées: celle de Wells, qui date de 1392, et celle de la cathédrale de Salisbury, qui sonne les heures depuis 1386 — treize cent quatre-vingt-six!

Certains lecteurs du roman d'Umberto Eco, *Le nom de la rose*, ont sursauté en voyant, sur la couverture de l'édition en Livre de Poche, un moine avec une paire de lunettes sur le nez. À tort: les lunettes sont une autre invention du Moyen Âge. On n'en connaît pas avec certitude l'auteur, et aucun écrit n'en fait mention avant la fin du XIIIe siècle. Le premier portrait d'un homme portant des lunettes date de 1352. Les gens du Moyen Âge n'inventèrent cependant que les lentilles convexes, qui ne corrigent pas la myopie. Les lentilles concaves, qui corrigent ce défaut de l'œil, furent inventées quelques années après la fin du Moyen Âge. Le pape Léon X (1513-1521) aurait été l'un des premiers à porter ce genre de lunettes.

C'est au génie inventif du Moyen Âge que nous devons encore la brouette. Ce mot vient du latin *birota*, qui signifie deux roues. À l'origine, la brouette était un véhicule à deux roues. Une chaise à porteur, montée sur deux roues, était une brouette. Le nom a été donné au petit véhicule médiéval à une seule roue qui sert à transporter des fardeaux à bras d'homme et dont se servent autant les jardiniers et les terrassiers que les constructeurs.

Le rouet est une invention du début du XIIIe siècle. Il rencontra de l'opposition comme en rencontrèrent les métiers à tisser et bien d'autres machines pendant la révolution industrielle du XVIIIe siècle. On trouvait que le fil obtenu au moyen du rouet manquait de finesse. À certains endroits, on en interdit l'usage, ou bien on ne l'autorisa que pour les fils de trame. Le rouet à pédale apparut au début du XIVe siècle. Le bouton, qui produisit une petite révolution dans le domaine du vêtement, est une autre invention du Moyen Âge — début du XIIIe siècle.

Le génie inventif du Moyen Âge s'exerça aussi dans le domaine militaire. Je ne signalerai que deux inventions. Tout d'abord, l'arbalète à ressort de métal, que j'ai déjà évoquée. Cette arme était tellement meurtrière qu'un concile, tenu au Latran en 1139, en interdit l'usage, mais sans succès. L'autre invention militaire : le canon. Un texte rapporte que le roi de Grenade utilisa, en 1325, des « machines de guerre qui lançaient des globes de feu en répandant du tonnerre et des éclairs ». Des canons, sans aucun doute. Le premier dessin de cette pièce d'artillerie se trouve dans un livre rédigé à l'intention du roi d'Angleterre, Édouard III, en 1326. D'autres faits permettent de conclure que le canon date de la première moitié du XIVe siècle.

L'imprimerie est la dernière grande invention que nous devons au Moyen Âge, et non la moindre. On considère, en effet, que l'imprimerie moderne est née de l'invention des caractères mobiles en métal par Jean Gutenberg (né vers 1400 — mort en 1468). Le Moyen Âge donnait ainsi au monde un véhicule extraordinaire pour la propagation des idées.

On n'en finirait pas d'énumérer toutes les inventions qui datent du Moyen Âge, mais, puisqu'il faut terminer, faisons-le sur une note pétillante. La champagnisation du vin blanc a été réalisée à l'abbaye de Clairvaux, au XIVe siècle. Et l'on se demande comment le fondateur de cette abbaye, l'austère saint Bernard, qui n'avait jamais avalé une goutte de vin sur la terre, a pu permettre que le champagne, associé à toutes les fêtes mondaines, soit découvert par ses fils spirituels...

Cela suffit, je pense, pour pulvériser la boutade qui présente les gens du Moyen Âge préoccupés par des questions futiles comme le sexe des anges et la propriété antidébordante de la carpe.

CHAPITRE 8

Les universités

Le Moyen Âge n'a pas fait pétiller que le vin blanc en le champagnisant : il a fait pétiller aussi, voire flamber, l'esprit humain en créant les universités — qui constituent l'une des fondations les plus originales de cette période de l'histoire occidentale. Avant que prenne fin le Moyen Âge, l'Europe comptait une cinquantaine d'universités réparties dans les pays suivants : Italie, France, Espagne, Allemagne, Angleterre, Pologne, Suisse, Autriche, Hongrie, Portugal, Tchécoslovaquie. La curiosité des historiens a été retenue par l'origine, l'organisation et le fonctionnement des universités médiévales. Il y a là de quoi nous étonner.

Le mot *université* lui-même nous réserve la première surprise. Dans les circuits touristiques de la ville de Québec figure l'Université Laval ; les touristes la visitent. Au Moyen Âge, si quelqu'un avait tenu ce langage, il aurait soulevé de grands éclats de rire. L'université du Moyen Âge, ce n'était pas des édifices, mais des personnes.

Le mot latin *universitas* était un des mots par lesquels on désignait une corporation. Nous avons déjà parlé des corporations médiévales, comme la corporation des boulangers, des bouchers, des menuisiers. De la même manière se sont formées des corporations de maîtres et d'étudiants. En latin, on disait : *Universitas magistrorum et scolarium* — ou *studentium* à la place de *scolarium* : corporation des maîtres et des étudiants. C'est comme si, par le mot *université*, nous entendions maintenant le syndicat des professeurs et les associations d'étudiants, sans les administrateurs ni les employés de soutien.

Le vocable médiéval qui correspond au mot *université* comme nous l'entendons de nos jours, c'est *studium*. Parfois, on rencontre l'expression *studium generale*. L'épithète *generale* évoque un niveau supérieur d'enseignement : théologie, droit, médecine. Un centre d'études limité à une faculté des arts n'est pas un *studium generale*. De plus, le *studium generale* possède le privilège d'octroyer à ses diplômés un permis d'enseigner n'importe où : *licencia ubique docendi*. Nous disons que Frédéric II a fondé « l'université » de Naples, en 1224, mais, lui, il fondait un *studium*.

Les rapports entre les maîtres et les étudiants variaient d'une ville à une autre. À Bologne, ville d'Italie à qui revient l'honneur d'avoir donné naissance, au XIIe siècle, à la première université, l'*universitas* (la corporation) ne comprend d'abord que les étudiants : les maîtres en sont exclus... Ce sont les étudiants qui assurent le fonctionnement du centre d'études et d'enseignement. Ce sont eux qui recrutent les professeurs, qui évaluent leur enseignement, qui les congédient si nécessaire. Ils s'immisçaient même dans leur vie privée : on les soumettait non seulement à un code de déontologie, mais aussi à un code d'éthique[1].

À Paris, les choses se présentèrent différemment. L'évêque de Paris et son chancelier y détiennent une autorité discrétion-

1. Un code de déontologie règle l'exercice d'une profession ; un code d'éthique règle la conduite personnelle.

naire sur les écoles: ce sont eux qui accordent le permis d'enseigner — la *licencia docendi.* L'opposition à la formation de l'université vint d'eux. Les étudiants s'associèrent aux maîtres pour mener la lutte aux autorités ecclésiastiques locales. Le pape intervint, limita les pouvoirs de ces deux messieurs et plaça l'université sous sa juridiction. On traiterait les étudiants comme des clercs. Le roi n'y voyait pas d'objections, bien au contraire, car les écoles de Paris étaient des foyers d'agitation. Il appartiendrait au représentant du pape d'y instaurer un peu de discipline. Les étudiants jouiront donc de tous les privilèges des clercs.

On pourrait s'étonner que les maîtres et les étudiants aient accepté une situation juridique qui les plaçait sous la dépendance du pape, mais, au moment où ils acceptent cette condition, elle est avantageuse pour eux. Tout d'abord, la justice ecclésiastique garantit leur sécurité personnelle; leur sécurité matérielle aussi, puisqu'ils ont le droit d'aspirer à des bénéfices ecclésiastiques, une denrée qui abonde à l'époque. Des bénéfices ecclésiastiques? C'est comme si le curé de Saint-Michel de Bellechasse disait aux jeunes de la paroisse qui fréquentent l'université: «Vous vous partagerez une partie de la quête du dimanche.»

Il est amusant de lire un extrait d'un sermon du chancelier Philippe de Grève (1218-1236), qui ne veut rien savoir d'une corporation de maîtres et d'étudiants:

> Jadis, quand chaque maître enseignait de son côté et que le nom même d'université était inconnu, lectures et disputes [débats de questions] étaient fréquentes; on avait du zèle pour l'étude. Mais maintenant que vous êtes unis pour former une université [corporation], les leçons sont devenues rares, tout se fait à la hâte, l'enseignement est réduit à peu de chose; le temps pris aux leçons est gaspillé en réunions et en discussions. Et, dans ces assemblées, tandis que les anciens délibèrent et légifèrent, les

jeunes ne pensent qu'à former d'abominables complots et à préparer leurs expéditions nocturnes[2].

Le conflit entre l'évêque de Paris et son chancelier, d'une part, la corporation des maîtres et des étudiants, d'autre part, va durer plus de vingt-cinq ans et se terminer par la victoire de la corporation. D'un côté, le roi de France, conscient du prestige que l'université confère à sa capitale, désavoue la répression exercée par la police contre les étudiants ; de l'autre, les papes sont plus favorables que les évêques au développement des universités : les facultés de théologie, directement reliées à la papauté, deviendront des centres de recherches religieuses indispensables en un temps où les hérésies pullulent.

Les maîtres et les étudiants disposent de leurs propres armes, des armes redoutées : la grève et la sécession. Si le recours à l'arbitrage du pape ne triomphe pas des résistances locales, les maîtres et les étudiants font la grève ou bien, c'est la sécession : ils quittent la ville. En 1231, le pape confirme la légitimité de ces moyens extrêmes quand les circonstances l'exigent. En 1229, maîtres et étudiants jugent qu'elles l'exigent. Le mardi-gras de cette année-là, une querelle entre un groupe d'étudiants et un aubergiste avait tourné au tragique : des étudiants avaient perdu la vie dans une bagarre avec la police. Les étudiants n'ayant pu obtenir justice ni du roi ni de l'évêque, les maîtres s'étaient solidarisés avec eux, et une grève générale éclatait le 27 mars. Le décret émanant des 21 proviseurs imposait une suspension de l'enseignement pour une durée de six ans et interdisait le séjour dans la ville et le diocèse de Paris pour raison d'études. Rien de moins ! Un décret aussi rigoureux ne pouvait être respecté à la lettre.

Quitter une ville pour aller s'installer dans une autre, c'est ce qu'ils appelaient exercer leur droit de « sécession ». Ce mot

2. Jacques VERGER, *Les universités au Moyen Âge*, Paris, PUF, 1973, p. 30-31.

vient du verbe latin *secedere*, se retirer. Les professeurs et les étudiants du Moyen Âge exercèrent plusieurs fois ce droit, qui constituait leur « arme atomique » dans leurs luttes contre les autorités locales. Quelques universités furent créées par des sécessions : Padoue, Cambridge, par exemple. Certaines disparurent quand les « sécessionnistes » revinrent au bercail.

Ces migrations, inimaginables de nos jours, sont alors possibles parce que ces premières universités ne disposent pas de bâtiments énormes comme les nôtres. Quand on parle d'un *studium* comme d'un centre d'études, ce centre n'est pas incarné dans des pavillons et des laboratoires, et il ne dispose pas d'une bibliothèque contenant des millions de volumes. Les cours se donnaient dans des salles louées par les maîtres ; les assemblées, les cérémonies, les grands débats se tenaient dans des églises, des couvents ou des salles de la ville. Une fois la sécession décidée, les professeurs rangeaient leurs livres dans des coffres ; les étudiants ramassaient leurs pénates, et le cortège se mettait en route. En le voyant passer, les gens disaient : « L'université nous quitte. »

Ces migrations avaient des conséquences désastreuses pour la ville où une corporation de maîtres et d'étudiants cessait d'exercer ses activités. Quelques centaines d'étudiants, quelques milliers parfois, et plusieurs riches maîtres, dans une petite ville du Moyen Âge, c'était une clientèle fort appréciée de bien des gens : libraires, copistes, relieurs, loueurs de chambres, bouchers, boulangers, taverniers, etc. C'était comme si l'une de nos universités quittait la ville où elle fonctionne.

L'université médiévale ou, si vous préférez, le *studium*, comprenait au maximum quatre facultés : théologie, droit (canonique et civil), médecine et arts — qui préparait les étudiants à entrer dans les trois autres. Le mot *faculté* vient du latin *facere*, faire, agir, produire. L'université a des facultés comme en a l'être humain : intelligence, volonté, vue, ouïe.

L'université étant un centre d'enseignement, ses facultés sont des capacités d'enseigner, incarnées dans les professeurs. Les professeurs de théologie constituent la faculté de théologie, comme l'ouïe constitue la faculté de percevoir les sons. Le mot *faculté* évoque alors des personnes. Et c'est ainsi que Boileau, dans *Le repas ridicule*, parle d'un valet qui s'avance « comme un recteur suivi des quatre facultés ». À sa fondation, en 1852, l'Université Laval ne comprenait toujours que ces quatre facultés médiévales. Quand la faculté d'agriculture fut fondée, Mgr Maurice Dionne, éminent professeur de philosophie, y vit le *nec plus ultra* de la stupidité. Pour lui, c'était « monstrueux ». S'il avait su que l'Université de Lafayette avait une chaire d'écrevisse...

La faculté la plus prestigieuse, à l'époque et pendant longtemps, c'est la faculté de théologie. Les professeurs de la faculté des arts aspirent tous à s'y hisser. Un « artien » à cheveux blancs est montré du doigt. Les universités n'ont pas toutes les quatre facultés ; plusieurs n'ont pas de faculté de théologie. Les papes voulaient réserver à celle de Paris, « lampe resplendissante dans la maison du Seigneur », une sorte de monopole. À la tête d'une faculté, il y a un doyen. (Il est étonnant de voir jusqu'à quel point le vocabulaire médiéval s'est maintenu jusqu'à nos jours.)

Nous touchons maintenant à quelque chose de particulier à l'université médiévale, les *nations*. Les facultés sont des divisions administratives du *studium* ; les *nations* sont des divisions de l'*universitas*, c'est-à-dire de la corporation des maîtres et des étudiants. Les *nations* n'existent qu'à la faculté des arts, qui accueille les nouveaux venus à l'université. Âgés d'une quinzaine d'années, bien souvent, ils ont besoin d'être encadrés par les anciens et par les maîtres originaires du même pays ou de pays semblables. À Paris, il y a quatre *nations* : la française, la normande, la picarde et l'anglaise. Certaines universités comptent une douzaine de *nations* et même davantage ; dans d'autres, les *nations* n'existent pas.

Les universités médiévales ont à leur tête un recteur, qui a droit à des honneurs exceptionnels à l'intérieur comme à l'extérieur de l'université. Avec l'aide des *nations*, il gère les finances, veille sur les statuts, convoque et préside les assemblées universitaires. Face aux autorités extérieures, il est le représentant officiel de l'université. Il est généralement assisté d'un conseil. Chose étonnante pour nous, le mandat des recteurs est très court : un mois, puis trois mois à Paris ; un an à Bologne. Soumis au contrôle constant des assemblées universitaires — composées des étudiants, des maîtres ou des deux à la fois —, le rôle du recteur se réduit, bien souvent, à exécuter les décisions de ces assemblées. Bref, la démocratie règne à un degré que nous ne connaîtrons plus de sitôt.

Comme les universités n'ont pas les bâtiments dont elles disposent de nos jours, leur gouvernement consiste essentiellement à organiser l'enseignement et à défendre les nombreux privilèges des membres. Ces privilèges varient d'une université à une autre. En voici quelques-uns. Tout d'abord, les universitaires sont exemptés du service militaire ; exemptés aussi de plusieurs taxes, notamment sur le vin et la bière qu'ils consomment... (Hélas ! on n'est plus au Moyen Âge !) Certaines taxes sont prélevées pour leur usage. Les universitaires sont à l'abri non seulement des juridictions laïques, mais même, jusqu'à un certain point, des juridictions ecclésiastiques locales. Enfin, la papauté leur accorde des privilèges pécuniaires fort intéressants : ils peuvent toucher des bénéfices ecclésiastiques et en jouir pendant cinq ou sept ans sans résider à l'endroit où ces revenus sont perçus et sans recevoir les ordres qui y donnent normalement droit. En clair, un universitaire peut percevoir une partie des revenus d'une paroisse ou d'un évêché sans être ni curé ni évêque, et sans résider dans la paroisse ou l'évêché qui alimente sa caisse. Inutile de dire que ces privilèges suscitaient l'envie des classes moins choyées, qui n'acceptaient pas que les universitaires échappent ainsi au sort commun et que, dans certaines villes, ils soient littéralement maîtres des lieux.

Puisque nous parlons de maisons d'enseignement, arrêtons-nous à la pédagogie universitaire. Elle est à base de lecture de textes. Les programmes prennent la forme d'une liste d'ouvrages que l'on étudie en classe. Enseigner, c'est d'abord lire, puis expliquer et commenter. Un cours s'appelle une lecture (*lectio*) ; le professeur, un lecteur. Un jour de classe, c'est un jour « lisible » (*dies lisibilis*). Interdire de *lire* un ouvrage, c'est interdire de l'enseigner, mais non de l'étudier en privé. Cette méthode comportait et comporte toujours de précieux avantages. Quand les étudiants ont en main le texte même de l'auteur au programme, ils peuvent — comme Abélard — comprendre des choses que le professeur ne comprend pas et aller voir ce que contiennent les chapitres que le professeur ne trouve pas importants...

Les questions devaient inévitablement pousser comme des champignons sur les textes qu'on étudiait; de plus, on étudiait des auteurs qui divergeaient d'opinions. On en vint à généraliser le procédé de la question: on n'attend plus que les questions surgissent, on les provoque; on met tout en questions, même les énoncés les plus incontestés. Cet exercice scolaire portait le nom de *disputatio* ou débat, discussion. Le maître qui organise un débat en choisit le sujet. Le jour et l'heure sont annoncés à l'avance afin que les gens intéressés préparent leurs interventions; les cours sont suspendus dans toute la faculté pour que les professeurs et les étudiants intéressés puissent y assister. Se joignent à eux les membres du clergé de la ville et des ecclésiastiques de passage. Lors d'une première séance, on recueille et on discute les arguments en faveur du sujet débattu et les arguments contre. À la fin de cette séance, laborieuse et mouvementée, la place est jonchée d'opinions. Lors d'une deuxième séance, le maître fait le point : il aligne les arguments — quelques douzaines, parfois — dans l'ordre qui lui semble le plus logique et il prend position. Du point de vue doctrinal, cette « détermination magistrale » est le produit accompli de la pensée médiévale. Comme stimulant, c'était insurpassable : le maître qui organisait un débat tirait parti des connaissances de tous ses auditeurs et des recherches qu'ils avaient faites pour le mettre en boîte.

Les maîtres les plus audacieux ou les plus humbles organisaient aussi des débats ouverts, si je puis dire : eux, ils parlaient en latin d'un débat *de quolibet*, c'est-à-dire sur toute question qu'il plaît à un participant de soulever. Les comptes rendus des débats de ce genre que Thomas d'Aquin a tenus nous permettent de juger de la liberté qui y régnait et du sérieux avec lequel il recevait toutes les questions, même les plus bizarres. Peut-on être à la fois vierge et père ? Peut-on baptiser avec un autre liquide que de l'eau ? Peut-on démontrer que le monde n'est pas éternel ? Quel est le plus fort : la vérité, le roi, le vin ou la femme ? Dans *L'île du jour d'avant*, Umberto Eco met cette question dans la bouche d'un théologien, mais la réponse proposée n'est pas tout à fait *secundum metem sancti Thomæ*...

Quand Alain dit que « les notes prises ne servent jamais », il parle du XXe siècle, car, au Moyen Âge, elles servaient, et pour cause. Dans l'université médiévale, les notes de cours sont prises en sténographie, revues et authentifiées par le professeur, puis mises en circulation. Bien souvent, le professeur rédige son cours, le confie aux libraires, puis les copistes le multiplient à volonté. Si ces pratiques étaient réintroduites dans nos universités, il y aurait moins de cours où les étudiants perdent leur temps.

À cause du latin, langue commune, les universités médiévales sont internationales. Un étudiant espagnol ne rencontre aucun problème linguistique à fréquenter une université allemande, anglaise ou italienne. Il semble que la proportion des étudiants d'origine rurale ait été assez forte si l'on en juge par les allusions contenues dans les rites d'initiation imposés aux nouveaux venus. Les étudiants pauvres sont aux prises avec un problème particulièrement grave, celui du logement. Certains louent des chambres chez les particuliers ou à l'auberge; d'autres se groupent pour louer une maison; d'autres habitent chez des professeurs. Les étudiants pauvres vivent d'expédients: on cherche un riche protecteur, on se fait serviteur d'un étudiant riche ou d'un professeur, on s'endette, car les études coûtent cher: achat et location de livres, droits d'immatriculation, honoraires des professeurs, frais d'examens.

C'est pourquoi, à l'ombre de certaines universités, de riches personnages fondèrent des « collèges » pour accueillir les étudiants pauvres des facultés des arts et de théologie. (Les médecins et les avocats n'avaient pas de problèmes pécuniaires, à cette époque-là non plus.) À Paris, plusieurs collèges de cette sorte sont fondés dès le XIIe siècle; ils se multiplient au XIIIe. L'un d'entre eux devint célèbre: le collège fondé par Robert de Sorbon, devenu la Sorbonne. Résidences pour étudiants pauvres, à l'origine, ces collèges organisent ensuite des exercices scolaires: répétitions et débats pour clarifier et graver les notions apprises pendant la journée. Dans certains collèges, ces exercices acquirent une telle renommée qu'ils attirèrent des auditeurs de l'extérieur. C'est ainsi que le collège de la Sorbonne se métamorphosa en centre d'enseignement universitaire.

C'est un euphémisme de dire que les étudiants de cette époque étaient bruyants. Les chanceliers de l'université de

Paris ne cessent de tonner contre leurs débordements. On leur interdit le port des armes parce qu'ils sont querelleurs : leurs bagarres laissent parfois des cadavres sur le champ de bataille. Les rues de Paris résonnent du vacarme de leurs guitares et de leurs tambourins. Les marchands et les artisans redoutent la visite de ces turbulents, qui se plaisent à arracher les enseignes ou à les déformer. Tout est pour eux une occasion de plaisir et souvent de débauche : les fêtes religieuses ou profanes, les cérémonies de promotion, les anniversaires, etc. Ils sont des clients assidus des tavernes et des maisons de jeux. Les chambrières sont l'objet de leurs attentions : une abondante littérature d'origine universitaire exalte les prouesses amoureuses du clerc, qui l'emporte haut... la main sur le bourgeois et sur le chevalier. Enchantés de la vie qu'ils mènent, les étudiants invitent leurs amis restés en province à venir les rejoindre à Paris : un centre d'études incomparable, où abondent le bon pain, l'excellent vin, les savants maîtres, les joyeuses tavernes — des milliers (4000 ?) pour une population d'environ 300 000 habitants —, les maisons de jeux. En pensant aux chameaux de la reine de Saba, un chancelier souhaitait aux étudiants d'avoir la bosse de la sagesse. Hélas ! trop d'entre eux n'étaient que des chameaux !

Dans les nombreux conflits qui opposaient les étudiants aux officiers du roi, ces derniers étaient parfois blâmés et même condamnés pour avoir porté atteinte aux privilèges des premiers. C'est ainsi qu'en 1304, le souverain démit de ses fonctions le chef de police de Paris qui avait fait pendre deux membres de l'université. On l'obligea à détacher lui-même les cadavres, à doter à ses frais deux chapelles expiatoires avant de partir en pèlerinage pour Rome.

Il y aurait encore beaucoup à dire sur les universités du Moyen Âge, mais je pense que cela suffit pour montrer jusqu'à quel point nos universités en sont tributaires ; cela suffit pour montrer aussi qu'elles s'en sont malheureusement éloignées de plusieurs points de vue. Je pense, en particulier, à la démocratie qui y régnait, au rôle que les étudiants y jouaient et aux notes de cours. De l'Université de Bologne à l'Université Laval, par exemple, le pouvoir a dérivé des étudiants aux administrateurs.

CHAPITRE 9

Des prisons « auberges » !

Un ardent défenseur des droits des prisonniers avait un jour qualifié de moyenâgeux notre système carcéral. Avait-il raison ? Il sera en mesure d'en juger un peu plus objectivement après les considérations qui vont suivre sur les prisons des derniers siècles du Moyen Âge[1].

Il existe alors deux sortes de prisons : la prison « fermée » et la prison « ouverte ». La prison « fermée » correspond à ce que nous appelons prison, sans qualificatif, ou incarcération ; la prison « ouverte » n'est pas, à nos yeux, une prison, car ses murs coïncident avec les murs d'une ville, les frontières d'un duché ou d'un royaume. Certains auteurs qualifient de « courtois » l'emprisonnement en prison « ouverte ». De nos jours, quand la justice demande à une personne de ne pas quitter le pays, personne ne dit qu'elle est en prison.

On pratiquait l'emprisonnement préventif, en prison « fermée » ou en prison « ouverte ». Préventif, dérivé de prévenir, au

1. Anik PORTEAU-BITKER, *Revue historique du droit français et étranger*, « L'emprisonnement dans le droit laïque au Moyen Âge », avril-juin 1968, n° 2, p. 211-245 ; *Suite et fin*, juillet-septembre 1968, n° 3, p. 389-428.

sens où l'on prévient une maladie, c'est-à-dire qu'on l'empêche d'éclore. Par l'emprisonnement préventif, on voulait s'assurer que l'accusé ne fuie pas; qu'il soit disponible à l'ouverture de son procès; qu'il attende le prononcé du jugement ou l'exécution de la sentence. S'il s'agit d'un criminel condamné à mort, il serait imprudent de le laisser en prison « courtoise » en attendant que le bourreau le pende ou lui tranche la tête. L'emprisonnement préventif en prison « fermée » était réservé aux grands criminels, peu nombreux. La grande majorité des accusés étaient en prison « ouverte ».

On témoigne d'une préférence marquée pour la prison « ouverte »; quant à la prison « fermée », elle suscite une répugnance générale, et l'on cherche des moyens d'y soustraire même les grands criminels. Le responsable de la prison est tenu de veiller à ce que les auteurs d'infractions légères ne demeurent pas incarcérés. Souvent, il s'agit de pauvres diables qui n'ont pas trouvé de caution.

Étant donné ces principes et cette mentalité, la plupart des prisonniers du Moyen Âge sont en prison « ouverte », tenus seulement de se présenter devant le juge au jour fixé. À nos yeux, ce sont des prisonniers en liberté. Dans les prisons « fermées », on trouve quelques grands criminels, de pauvres diables sans caution et des vagabonds. Souvent, la détention préventive se prolonge, et le roi se sent obligé d'intervenir pour que les responsables de la justice se hâtent de rendre leur jugement.

Nous trouvons normal l'emprisonnement préventif de l'accusé, en prison « fermée » ou en prison « ouverte ». Mais, tenez-vous bien, le Moyen Âge emprisonnait parfois l'accusateur avec l'accusé... Étrange coutume, direz-vous. Pas bête, au fond, quand on en connaît les motifs. On voulait par là diminuer le nombre des accusations sans fondement ou fondées sur des motifs inadmissibles. Si, en accusant autrui, on risque de prendre soi-même le chemin de la prison, on réfléchit avant d'accuser. Dans ce cas également, l'emprisonnement s'effectue en prison « fermée » ou en prison « ouverte », mais c'est le même genre d'emprisonnement pour l'accusateur et pour l'accusé : il n'y en pas un en prison « fermée » et l'autre en prison « ouverte ». Si le crime est grave, c'est la prison « fermée » pour les deux.

En emprisonnant ainsi l'accusateur avec l'accusé, on s'assurait de la disponibilité du premier : un accusateur de mauvaise foi aurait pu prendre la fuite et entraîner de longues et coûteuses recherches. De plus, il y avait des sanctions, surtout pécuniaires, contre l'accusateur convaincu du caractère erroné de son accusation : dédommagement de l'accusé ; amende pour l'ennui causé à la société ; paiement des dépens du procès. Enfin, la peine encourue par l'accusé risquait d'être prononcée contre l'accusateur. Par exemple, si l'accusé était acquitté d'un crime qui méritait — supposons-le — l'amputation d'une oreille, l'accusé risquait d'en perdre une... Cependant, la plus grande indulgence régnait de ce côté-là.

Quand un accusateur et un accusé prennent ensemble le chemin de la prison, ils peuvent ensuite bénéficier d'un élargissement sous caution, passer de la prison « fermée » à la prison « ouverte ». Mais la règle du maintien de l'égalité exige que les deux soient traités de la même manière. La bonne réputation morale de l'une des parties peut tenir lieu de caution. Parfois, on confie à des personnes fiables les deux prisonniers. Enfin, dans certains cas, ce sont les amis qui veillent sur le prévenu incapable de fournir une caution.

Bref, la prison « ouverte » constitue, sans le moindre doute, le mode d'emprisonnement préféré au Moyen Âge. C'est la règle, alors que l'incarcération est l'exception. Dans le cas des petites infractions, le prévenu est immédiatement mis en prison ouverte ; dans le cas des infractions graves, il est d'abord incarcéré, puis remis, sous caution, en liberté limitée: limitée à une ville, à une ville et sa banlieue, à une province, à un royaume, au jour et non à la nuit, à quelques jours de la semaine. Parfois, on autorise le prévenu à se rendre où il veut — jusqu'au bout du monde —, à condition de rester disponible pour une convocation de la cour, ce qui constitue une sérieuse contrainte à une époque où le cheval est le moyen de transport le plus rapide.

L'emprisonnement préventif prend normalement fin après une sentence qui acquitte l'innocent ou condamne le coupable; il prend fin également quand le prisonnier s'évade. Mais, s'il a été imposé comme une peine pour l'infraction, l'emprisonnement se poursuit. Il change alors de nature: de préventif qu'il était, il devient pénal. Ce genre d'emprisonnement n'a pas occupé au Moyen Âge la place prépondérante qu'il occupe maintenant, mais il a été pratiqué, et il était toujours une incarcération, c'est-à-dire un séjour dans une prison fermée. Aucun juge n'imposait comme sentence à l'auteur d'une infraction de ne pas quitter la ville pendant un mois.

L'incarcération pouvait être imposée comme peine principale, comme peine complémentaire ou comme peine de remplacement. Comme peine principale, l'incarcération punit les auteurs d'infractions légères. Un mal engueulé de Senlis, qui avait proféré un blasphème, fut condamné à un mois de prison au pain et à l'eau. Et le roi Charles VI émet, en mai 1397, une ordonnance à l'encontre des blasphémateurs pour qu'ils « soient corrigés et punis par détention de leurs personnes en prison fermée ». L'incarcération est rarement infligée aux auteurs d'infractions graves, mais on en trouve des cas. Par exemple, le meurtrier d'un avocat avait été condamné, en 1341, à la prison perpétuelle.

D'ordinaire, l'incarcération s'ajoute à une autre peine: peine corporelle comme la fustigation — du latin *fustis*, bâton;

peine pécuniaire, dans la majorité des cas ; peine professionnelle : interdiction d'exercer une profession ; bannissement, parade pieds nus, amende honorable[2] à la victime. Parfois, la peine infligée est triple : incarcération, amende et châtiment corporel. Le Canada n'a pas connu tout l'éventail des peines corporelles infligées au Moyen Âge, mais il a connu le fouet que, pour certains crimes, on ajoutait à l'incarcération.

Enfin, l'incarcération est imposée comme peine de remplacement dans les cas où les contrevenants sont trop pauvres pour payer l'amende. L'obligation d'en arriver là déplaisait souverainement aux justiciers du Moyen Âge : au manque à gagner — l'amende non payée — s'ajoutaient les dépenses occasionnées par l'entretien d'un prisonnier incapable de défrayer le coût de son séjour en prison. Vous sursautez avec raison ; nous y reviendrons.

Après avoir parlé de l'emprisonnement préventif et de l'emprisonnement pénal, un mot de l'emprisonnement « coercitif ». Les deux premières formes d'emprisonnement se pratiquent toujours ; la troisième n'est plus qu'un souvenir. L'adjectif *coercitif* vient du latin *coercere*, contraindre. Si, par exemple, un contrevenant solvable refusait de payer l'amende imposée par le tribunal, on l'emprisonnait pour l'y contraindre. L'incarcération ne remplaçait pas le paiement de l'amende : elle avait pour but de le provoquer. Comme le prévenu défrayait déjà le coût de son séjour en prison, le refus de payer une amende coûtait cher. De plus, la vie dans les prisons faisait plier les volontés les mieux trempées. Allons y faire un tour.

Les prisons du Moyen Âge ne ressemblent pas du tout aux nôtres. Pendant la féodalité, le pouvoir judiciaire est éparpillé. Beaucoup de gens exercent la justice : seigneurs, évêques,

2. Au sens moderne du terme : reconnaître ses torts, demander pardon.

abbés, rois. Chacun de ces justiciers a sa prison, et ce n'est pas le « fédéral » qui l'a construite. Peu soucieux des « droits » de la clientèle qui va s'y retrouver, c'est avec parcimonie qu'on investit dans ces HLM. De plus, la surveillance laisse beaucoup à désirer, car personne ne recherche cet emploi, occupé, d'ordinaire, par des hommes qui n'ont reçu aucune formation.

Pour prévenir les évasions faciles, on enchaîne les prisonniers par les jambes, les bras, parfois le cou. De plus, on prévoit de sévères peines pour le bris d'emprisonnement, perpétré avec ou sans effraction. Si l'emprisonnement est une simple assignation à résidence — prison ouverte —, l'effraction est impossible. Le prévenu en prison ouverte qui manque à sa parole est tout simplement incarcéré. Quant au prévenu incarcéré, il peut difficilement s'évader sans effraction, ne serait-ce que le bris de sa chaîne. Son évasion est alors considérée comme une présomption de culpabilité et un aveu. Si on parvient à lui mettre la main au collet, il est condamné à la peine du crime dont il était accusé.

Mais, pour le condamner, il faut le rattraper. Et il existe un privilège qui a nom « droit d'asile ». Ce petit mot, *asile*, est formé de deux racines grecques : un « a » privatif et « sulê », arrêt, saisie. Le droit d'asile, c'est la possibilité d'échapper à la justice en se réfugiant dans des endroits où il est interdit à la police d'accéder pour appréhender même un criminel. Un condamné à mort qui franchit la clôture du monastère le plus proche peut y finir ses jours en toute sécurité ou le quitter quand on l'aura oublié, s'il n'a pas développé de goût pour la vie monastique...

Le geôlier responsable de la bonne marche d'une prison veille d'abord à ce que les prisonniers qui lui sont confiés ne s'évadent pas. À cette fin, il place les plus dangereux dans des cachots sécuritaires, puis il enchaîne les autres. Les peines d'incarcération sont d'ordinaire très courtes : quelques jours ou quelques mois ; l'emprisonnement à vie équivaut à une condamnation à mort, tellement est pénible la vie dans les prisons. Les autorités demandent au geôlier de traiter « doucement et humainement » les prisonniers : ne pas les maltraiter physiquement en leur infligeant des coups ou des blessures, ni moralement en les humiliant de quelque façon que ce soit.

Le geôlier a encore le devoir de traiter chaque prisonnier selon sa condition. À cette fin, il tient le « registre d'écrou », dans lequel figurent la date d'entrée, le nom, l'âge, le statut social et les motifs de l'incarcération. La première différence de condition est liée au sexe. Comme la manière de faire la plus répandue consiste à laisser les détenus ensemble, le jour et la nuit, on ne place pas les hommes et les femmes dans une même salle. La garde des femmes est confiée, d'ordinaire, à des femmes, qui ne doivent jamais enchaîner les prisonnières ni les jeter dans un cachot. De plus, le geôlier doit tenir compte du statut social du détenu. À tel endroit, par exemple, les bourgeois et leurs enfants occupaient la partie de la prison qui donnait sur la rue. À défaut de télévision, la rue procure un divertissement...

Et nous arrivons à des coutumes fort différentes des nôtres. Le prisonnier n'est pas entretenu aux frais du justicier ; il défraie les dépenses que son incarcération occasionne. C'est pourquoi les prisons rentables — à cause du nombre des détenus — sont mises aux enchères, et l'administration en est confiée au plus offrant, qui se procure un revenu de la différence entre l'argent dépensé pour administrer la prison et les droits prélevés aux détenus ; dans les prisons non rentables, le geôlier est un fonctionnaire salarié. Le prisonnier pour dette constitue une bizarre exception : le créancier qui l'a fait incarcérer est contraint de le nourrir... S'il omet de le faire pendant trois jours, son débiteur est libéré.

Le minimum qu'un geôlier doit assurer à un prisonnier, c'est du pain et de l'eau. Sur la table des criminels, normalement, rien d'autre n'est servi, mais cette rigueur connaît des adoucissements. Par exemple, les criminels nobles ont droit à une double ration. À certains endroits, le geôlier, avec le consentement des autorités, permet aux criminels de se payer une meilleure nourriture ou de s'en faire apporter par des parents ou des amis.

De plus, c'est la coutume que les personnes charitables, les institutions ou les corporations aient pitié des prisonniers et leur fassent parvenir de la nourriture: du pain, de la viande et même du vin. Le jour de Pâques, les orfèvres de Paris offraient à dîner aux prisonniers. Un article du statut des poulaillers (marchands de volailles) prévoit qu'une partie des marchandises confisquées dans les rôtisseries ira aux prisonniers. Il va de soi que les boulangers leur font porter du pain. De plus, on organise dans la ville des quêtes à leur profit.

La personne qui a «loué» une prison et qui en devient le geôlier ou l'administrateur tire son revenu, comme j'ai dit, de l'excédent des droits que versent les prisonniers sur les sommes dépensées pour exploiter la prison. Il y a d'abord les droits d'entrée et de sortie, qu'on appelait encore droit de guichet ou de clavage (de *clavis*, clef). Ces droits variaient suivant le rang occupé par les prisonniers dans l'échelle sociale. Surprenant, mais c'est pour les Juifs qu'il était le moins élevé. Il y avait ensuite les frais de garde, les frais de logement et de nourriture. Si un prisonnier se fait apporter un lit par des parents ou des amis, il paie seulement la place que le lit occupe dans la pièce. De même qu'il y a dans nos hôtels des chambres plus recherchées et plus chères, de même il y avait dans les prisons des pièces plus intéressantes; il coûtait plus cher d'y louer une place pour un lit. Ceux qui ne disposaient pas d'un lit venant de l'extérieur louaient non pas un lit, mais une place dans un lit de la prison. Pour faire plus d'argent, le geôlier était tenté de corder les prisonniers comme des saucissons; les règlements mettaient un frein à sa convoitise : deux prisonniers par lit, tout au plus trois, et rarement. Certains prisonniers couchaient sur des nattes ou de la paille ; le loyer était réduit en conséquence.

Ces différents droits ne sont exigibles que si les services sont effectivement rendus. Par exemple, le prisonnier autorisé à se faire nourrir par sa famille ou ses amis ne débourse rien pour ses repas. En outre, à bien des endroits, les prisonniers dont l'innocence est par la suite établie sont remboursés des frais qu'ils ont encourus. Sauf pour la nourriture, qu'ils auraient dû payer même en liberté, et qui leur aurait sans doute coûté plus cher.

La politique carcérale du Moyen Âge pourrait nous être utile sur quelques points. Tout d'abord, que l'incarcération soit l'exception au lieu d'être la règle ; puis, que l'incarcération ne remplace jamais le paiement d'une amende ou le remboursement d'un vol ou d'une fraude.

CHAPITRE 10

Les professions et les métiers féminins

La condition de la femme du Moyen Âge constituait un net progrès, de tout point de vue, par rapport à celle de la femme de l'Antiquité (grecque, romaine ou juive), et la Renaissance marqua un net recul de plus d'un point de vue. Benoîte Groult divague quand elle écrit: « Oublions l'affreux hiver du Moyen Âge où l'horizon pour les femmes s'est soudain obscurci, où la joie, les jeux et les sports ont disparu de leur univers avec la mort des traditions gréco-romaines[1]. » Elle ne fait que colporter le genre de ragots qu'on est habitué d'entendre sur le Moyen Âge. L'opinion de Jeanne Bourin colle davantage à la réalité: « Il aura fallu plus de quatre cents ans aux femmes pour retrouver, avec le droit au travail, une liberté de mouvement conquise tout naturellement aux grands siècles médiévaux et perdue ensuite depuis la Renaissance[2]. » Pour la femme, la Renaissance ressemble davantage à une nouvelle mort qu'à une nouvelle naissance.

Du XIe au XVe siècle, les femmes exercent près de 150 métiers: certains leur sont exclusivement réservés; dans

1. Benoîte GROULT, *Ainsi soit-elle*, Paris, Bernard Grasset, Livre de Poche; 4915, 1975, p. 121.
2. Jeanne BOURIN, *Miroir de l'histoire*, n° 269, p. 36-43.

d'autres, elles entrent en compétition avec les hommes; enfin, dans certains, elles travaillent en collaboration avec leurs maris. Une étude menée à Francfort nous apprend qu'aux XIVe et XVe siècles, 65 métiers emploient uniquement des femmes; dans 81, les hommes sont plus nombreux; dans 38, les hommes et les femmes sont en nombre égal.

Dans la *Danse macabre* — XIVe siècle —, représentation allégorique de la Mort entraînant dans une ronde funèbre des personnages de toutes les conditions, on ne trouve d'abord que des hommes, mais, devant le succès de la pièce, quelqu'un eut l'idée d'une danse macabre des femmes. Quarante représentants de professions exercées par les hommes défilaient dans la version masculine. L'auteur de la version féminine a procédé différemment faute d'avoir trouvé, selon un savant professeur de l'Université de Leyde, quarante professions exercées par les femmes[3]. Si telle est la raison, l'auteur de la version féminine n'a pas dû chercher longtemps.

Étienne Boileau, fonctionnaire du roi saint Louis, nous fournit de précieux renseignements concernant la présence des femmes dans les différents métiers, dans un livre intitulé *Le livre des Métiers*, écrit en 1270. Vers la fin du même siècle paraît un registre des « tailles », c'est-à-dire de l'impôt sur le revenu. On y trouve les noms et les adresses des contribuables ainsi que les tarifs qu'on leur appliquait. On constate que l'impôt était le même pour les deux sexes. Une ombre au tableau, cependant: comme de nos jours, le travail égal n'était pas également rémunéré. Ce registre des impôts est un excellent complément au livre d'Étienne Boileau.

Inutile de s'attarder sur les travaux de la femme à la campagne: la fermière du Moyen Âge exécute les mêmes travaux

3. J. HUIZINGA, *Le déclin du Moyen Âge*, Paris, Petite Bibliothèque Payot; 108, 1967, p. 150-151.

que les femmes de la campagne québécoise d'il y a cinquante ans. Les besognes qui exigent le plus de force physique sont réservées aux hommes : seules quelques femmes fortes chargent et déchargent le foin, les autres le foulent dans la charrette ou sur la « tasserie » ; la femme ne creuse pas de rigoles ni de fossés à la pelle, ni ne bûche ou fend le bois. Il faudra attendre l'invention des machines agricoles pour que change une situation plusieurs fois séculaire.

Dans les villes, la situation est fort différente. C'est là que le travail féminin présente toute son originalité. Jeanne Bourin nous étonne de nouveau : « La première évidence est que, dans le menu peuple aussi bien qu'à tous les niveaux de la bourgeoisie, le travail féminin était aussi normal et répandu qu'il l'est de nos jours. » Les femmes franchissaient les mêmes étapes que les hommes : apprentissage, compagnonnage, maîtrise.

Les professions dites libérales sont ouvertes aux femmes. Il y a des femmes médecins — on les appelle « physiciennes ». L'anglais a conservé ce mot : *physician*, médecin. Ces femmes médecins ont étudié dans les universités. Il y a des femmes chirurgiennes ; il y a des femmes apothicaires, c'est-à-dire pharmaciennes. Par contre, il n'y a pas de femmes avocates. Cependant, une coutume dont les femmes se prévalent souvent leur permet d'assurer leur propre défense ou celle de leurs descendants. C'est une preuve de leur culture et de leur aplomb.

Beaucoup de femmes travaillent les métaux. On rencontre donc des femmes joaillières, ferronnières, serrurières, chaudronnières, coutelières, faiseuses de cottes de mailles, de fers à cheval, de boucles, de chaînes, de vaisselle et de pots en étain. On rencontre même quelques « étuveresses » ou étuvières. Une « estuve », au XIIe siècle, c'est un établissement de bains chauds. Les « étuveresses » sont des femmes qui tiennent de tels établissements, fort nombreux dans les villes. Nous verrons pourquoi on les a presque tous fermés à la Renaissance. Les étuvières ont la réputation de se livrer à des activités peu catholiques.

Beaucoup de femmes sont coiffeuses; moins nombreuses sont les «barbières». Étymologiquement, le barbier ou la barbière coupe la barbe, mais la profession comporte d'autres spécialités. Le barbier pratique la saignée, médication courante à l'époque et longtemps après; le barbier réduit les fractures, recoud les plaies, panse les blessures.

Je n'énumérerai pas les 150 métiers que pratiquaient les femmes, mais j'ajouterai, avant de terminer, qu'il y avait des «tavernières» — on imagine qu'elles n'avaient pas froid aux yeux; il y avait des «lavandières» de têtes — c'étaient des femmes qui passaient pour avoir la cuisse légère... et parfumée; il y avait des «patenôtrières», mot qui vient de *pater noster*: ces femmes fabriquaient des chapelets.

La situation des chambrières, des cuisinières et des servantes présente une particularité digne de mention: ces personnes s'intégraient tellement aux familles qui les employaient qu'on en venait à les considérer comme des membres de la famille et, quand elles étaient trop âgées pour travailler, on les entretenait jusqu'à leur mort. C'était le bien-être familial.

Enfin, une certaine Margot est professionnelle du jeu de paume — l'ancêtre du tennis. À l'origine, la balle se lançait avec la paume de la main, d'où le nom de ce jeu; plus tard, on utilisa un instrument. À l'instar d'Abélard, un siècle plus tôt, Margot arrive à Paris, mais c'est pour d'autres défis: des défis lancés même aux hommes qui excellent au jeu de paume. Peu de mâles parvenaient à la battre, paraît-il. Une vraie Martina Navratilova.

Du point de vue de l'instruction, la femme n'a rien à envier à l'homme. Jusqu'à la fin du Moyen Âge, les ecclésiastiques mis à part, la femme est plus instruite que l'homme. Il fut un temps où, sans étonner personne, des femmes enseignaient le droit aux universités de Padoue et de Bologne, les mathématiques à Milan.

Nous avons déjà rencontré Héloïse, qui nous a étonnés par sa culture. On la considère facilement comme une exception. Eh bien, non : beaucoup d'autres femmes rivalisaient avec elle par leur culture. Or c'est au couvent des bénédictines d'Argenteuil qu'Héloïse avait appris, entre autres choses, le latin, le grec et l'hébreu. Le latin à un point tel qu'elle lisait dans le texte les grands auteurs classiques et qu'elle correspondait en latin. Les couvents de femmes étaient des asiles de culture, où l'on trouvait des femmes philosophes, historiennes, moralistes.

Parmi les femmes cultivées de cette époque, Christine de Pisan a retenu l'attention de bien des chercheurs. Son père, docteur en astrologie de l'Université de Bologne, y emmène sa famille quelques mois après la naissance de Christine, à Venise, en 1364. Quatre ans plus tard, il déménage à Paris pour devenir l'astrologue officiel du roi. Christine n'a pas encore quinze ans quand elle épouse un futur secrétaire du roi, Étienne de Castel. En 1390, son cher mari lui est ravi par la peste. Déjà orpheline de père, elle doit subvenir aux besoins de ses trois jeunes enfants et de sa mère. Étonnant pour l'époque, elle choisit de vivre de sa plume. Elle est la première femme, semble-t-il, qui choisira la profession d'écrivain et qui réussira. En 1418, elle se retire dans un cloître, où elle meurt vers 1431.

Christine a laissé une œuvre considérable et très variée. On la connaît surtout comme « féministe ». Il y avait, en son temps, nombre d'écrivains qui propageaient une bien piètre image de la femme et, conséquemment, du mariage, dont les malheurs étaient imputés à la femme. Christine de Pisan prendra la défense de la femme. Pour mener à bien son combat, elle étudiera le latin, l'italien et la philosophie.

Dès le début de son merveilleux livre, *La femme au temps des cathédrales*, Régine Pernoud parle de la femme dans le monde romain au Ier siècle de notre ère — avant la prédication de l'Évangile. La femme n'a pas de droits; elle n'exerce aucun rôle officiel dans la vie politique ni ne remplit aucune fonction administrative. Avec la prédication de l'Évangile, une véritable révolution se produit. Le père de famille, jusque-là tout-puissant, voit ses filles lui résister en refusant le mariage projeté pour elles.

En se dressant ainsi contre l'autorité de leur père, ces jeunes femmes des premiers siècles du christianisme ébranlaient le fondement même de la société romaine. Devant une attitude aussi révolutionnaire, certains pères ont usé de leur droit de vie et de mort contre leurs propres filles. D'ailleurs, ce n'est qu'à la fin du IVe siècle que la loi romaine retire au père de famille le droit de vie et de mort sur ses enfants.

La prédication de l'Évangile a donc incité des femmes à refuser le mariage, puis elle a apporté des changements majeurs à la condition de celles qui optaient pour ce genre de vie. Qui ne connaît la réaction des Juifs quand Jésus leur interdit de répudier désormais leur légitime épouse pour en prendre une autre? La « Bonne Nouvelle » en est pour eux une bien mauvaise: « Si telle est la condition de l'homme vis-à-vis de la femme, mieux vaut ne pas se marier. » La femme non plus ne pourra pas désormais jeter un mari par-dessus bord pour en prendre un autre. Autre changement important: dès le VIIIe siècle, l'Église n'exige plus le consentement des parents — père et mère — pour la validité du mariage. Les époux sont reconnus comme les ministres de ce sacrement; ce sont eux qui SE marient et non le prêtre qui les marie; le prêtre bénit leur union, mais cette union est réalisée par le « oui » réciproque des époux.

Ce rappel ne plaisait pas à tout le monde. Par exemple, au concile de Trente — XVIe siècle —, les délégués français, porte-parole du roi, ont combattu avec acharnement cette liberté des époux, et ils cherchèrent à obtenir de l'Église qu'elle remette en vigueur l'ancienne pratique du consentement des parents. Le roi n'avait pas attendu les décisions du concile pour prendre position. Un édit de 1556 donnait aux parents le droit de déshériter un enfant qui se serait marié sans leur consentement. Le concile n'est pas allé aussi loin que le roi de France le désirait, mais il a quand même renforcé le rôle des parents et du prêtre et, du même coup, diminué la liberté des époux.

C'est au xviie siècle que la femme prend obligatoirement et pour quelques siècles le nom de son époux. Avant cette époque, les usages variaient : l'épouse pouvait garder son nom ou bien prendre le nom de sa mère, de son père ou de son époux ; parfois, c'est un surnom qui lui était donné. Il faudra attendre le xxe siècle pour revenir aux usages médiévaux. Le surnom excepté, bien entendu.

C'est surtout dans l'administration de ses biens que la situation de la femme s'est détériorée après le Moyen Âge. Au xiiie siècle, la femme demeure propriétaire de ses biens ; le mari les administre avec elle, mais il n'a pas le droit d'en disposer. De plus, la femme participe de droit à tout ce que le ménage acquiert. Elle jouit de ce qu'on appelle la « capacité juridique » : elle peut vendre, acheter, conclure des contrats, administrer des domaines, disposer de ses biens par testament.

Au xvie siècle, la femme mariée devient juridiquement « incapable » : tous ses actes sont frappés de nullité s'ils n'ont pas été approuvés par son mari. Au Québec, par exemple, le *Code civil* en vigueur jusqu'en 1964 consacre un chapitre à « l'incapacité des femmes mariées ». Veuve ou fille majeure, la femme québécoise jouissait d'une « capacité » complète ; mariée, elle la perdait. Par exemple, une fille qui s'était acheté une voiture avant son mariage ne pouvait plus, une fois mariée, la revendre sans l'autorisation de son mari...

Au Moyen Âge, les femmes ont exercé un rôle considérable en politique. Presque toutes les principautés laïques belges ont été gouvernées par des femmes à un moment de leur histoire. Il en fut ainsi de plusieurs fiefs de France. Quelques femmes qui ont exercé le pouvoir politique au Moyen Âge : Blanche de Castille, Aliénor d'Aquitaine, Adèle de Blois, fille de Guillaume le Conquérant, et bien d'autres.

En 1081, Adèle avait épousé Étienne, comte de Blois-Chartres, qui prit une part importante à la première croisade. Il en fut même un moment le chef. Mais, devant Antioche, qui lui semble imprenable, il feint d'être malade et se retire. Ayant regagné la France, sa conduite est sévèrement jugée par bien des gens, dont Adèle elle-même. Elle réussit à le convaincre de repartir. Il meurt comme un héros et se réhabilite aux yeux de ses contemporains et surtout de sa femme. En son absence et après sa mort, Adèle administre le domaine de Blois-Chartres. Elle est renommée par la sagesse avec laquelle elle s'acquitte de ses fonctions, mais aussi par son goût pour les arts et les lettres. Protectrice des poètes, on la considère comme le juge le plus compétent pour apprécier leurs œuvres. Elle en compose d'ailleurs elle-même.

Pour illustrer la situation de la femme au Moyen Âge s'offre à nous l'exemple singulier de l'ordre de Fontevraud, fondé par un personnage haut en couleur et assez contesté, Robert d'Arbrissel — un fils de prêtre. L'originalité de cet ordre tient au fait qu'il compte des moines et des moniales. L'abbaye de Fontevraud, ce sont deux séries de bâtiments : une pour les hommes, une pour les femmes ; entre les deux se dresse l'église abbatiale, seul endroit où les hommes et les femmes se retrouvent pour la prière et les offices liturgiques. Aucun moine n'est autorisé à s'introduire dans la partie réservée aux moniales ; aucune moniale, dans la partie réservée aux moines. À défaut de moniales prêtres, on porte la moniale mourante dans l'église, où un moine l'assiste et lui administre les derniers sacrements.

C'est une femme qui gouverne l'ensemble ; une femme qui a autorité sur les moines. De plus, cette abbesse doit être une veuve. Robert d'Arbrissel avait conçu le projet d'une telle communauté en méditant la parole du Christ à saint Jean, debout au pied de la croix : « Voici ta mère. » Au début du XIIe siècle, l'abbaye de Fontevraud regroupait trois cents moniales et soixante ou soixante-dix moines. La formule a beaucoup plu, car, vingt-cinq ans après sa fondation, l'ordre comptait environ cinq mille membres. Il fut aboli en 1792.

Pour conclure, je citerai le volume consacré à *La femme* dans la collection « L'humanité en marche » : « La Renaissance s'avère finalement le point de départ d'une dégradation de la situation de la femme, surtout dans les classes défavorisées[4]. » Dégradation à l'intérieur du ménage ; dégradation sur le marché du travail : quand un métier se mécanise, il passe d'ordinaire aux mains des hommes ; quand elles ne sont pas exclues d'un métier, les femmes conservent les tâches pénibles ; elles ne seront plus médecins. On cherche à les confiner à l'intérieur du foyer.

---

4. Marie-José CHOMBART DE LAUWE, *op. cit.*, p. 34.

CHAPITRE 11

Les bains publics

On a souvent reproché à l'Église du Moyen Âge d'avoir peu incité les fidèles à la propreté et à l'hygiène. Le philosophe anglais Bertrand Russell en fait un objet de sa meilleure ironie : « Sous prétexte que tout ce qui donne des attraits au corps nous induit au péché, l'Église combattit l'habitude du bain ; elle fit l'éloge de la crasse, et l'odeur de la sainteté se fit de plus en plus pénétrante. » C'est amusant, mais c'est faux.

Tout d'abord, on ne tombe pas dans le byzantinisme en distinguant la pensée officielle de l'Église d'avec la pensée de certains hommes d'Église, comme on distingue la pensée d'un parti politique d'avec les déclarations échevelées de certains membres, que le chef rabroue incontinent. Personne ne conteste que les opinions les plus invraisemblables sur la propreté corporelle — comme sur bien d'autres sujets — ont été exprimées par certains membres de l'Église catholique romaine.

Je m'en tiendrai à deux. Tout d'abord, une opinion antérieure au Moyen Âge. Le grand saint Jérôme (mort en 420) a fait rugir son lion quand il a déclaré qu'une peau propre est le signe d'une âme sale[1]. Puis, au beau milieu du Moyen Âge, le

1. *Nitens cutis sordidum ostendit animum*. Lettre 117.

fougueux saint Pierre Damien — XIe siècle — a fait de la crasse un moyen de sanctification... Mais c'est aux moines qu'il adressait son étonnante prescription : « La saleté est obligatoire au même titre que le silence[2]. » L'Église officielle n'a jamais endossé cette opinion ; elle a plutôt soutenu le contraire, même si elle a canonisé plus d'un crasseux.

Dès le début du Moyen Âge, par exemple, le pape saint Grégoire le Grand rectifie, dans une lettre qu'il adresse aux habitants de Rome, une opinion émise par des prédicateurs. « Suivant ce qu'on m'a rapporté, écrit le pape, de mauvais prédicateurs vous ont dit qu'on ne devait pas aller aux bains le dimanche. Si c'est la luxure qui pousse aux bains, nous ne le permettons ni le dimanche ni un autre jour ; mais, si on y va parce que le corps en a besoin, nous ne l'interdisons pas, même le dimanche. » L'expression « aller aux bains » sera précisée dans un instant.

Les opinions invraisemblables étaient accompagnées de comportements invraisemblables. Saint Athanase nous apprend que saint Antoine ne se lava jamais le corps, ni même les pieds, à moins qu'il ne fût obligé de cheminer dans l'eau ou de traverser un cours d'eau. La veuve Olympias, tenue en grande estime par saint Jean Chrysostome, se baignait le moins souvent possible et, quand la maladie l'y contraignait, elle descendait dans l'eau revêtue de sa robe.

Ces extravagances de paroles et de comportements n'ont jamais été la doctrine ni la pratique officielles de l'Église, même chez les âmes consacrées. Le premier monastère de femmes fondé en France le fut à Arles en 513. Dans la règle que les religieuses sollicitent de Césaire, évêque de la ville, les bains sont présentés comme une hygiène nécessaire. Le saint

---

2. Augustin FLICHE, *La réforme grégorienne*, Paris, Louvain, 1924, tome I, p. 201.

évêque demande aux religieuses de s'y soumettre « sans murmurer ».

Une lettre de saint Augustin, connue sous le nom de *Règle de saint Augustin*, dont s'était inspiré Césaire, éclaire l'expression « sans murmurer ». Saint Augustin ne conçoit pas que la pratique des bains soit habituelle : une fois par mois lui semble suffisant, à moins que la maladie n'oblige à une plus grande fréquence. Et c'est aux malades qu'Augustin demande d'aller aux bains « sans murmurer », quand le médecin le prescrit, comme il leur demande de prendre, sans murmurer, les autres médicaments. Dans la règle de saint Benoît, adoptée partout en Occident, on lit : « L'usage des bains sera offert aux malades toutes les fois qu'il sera opportun ; mais, aux frères bien-portants et surtout aux jeunes, on le concédera plus rarement. »

Tout devient limpide si l'on sait, tout d'abord, que l'on portait aux malades la plus grande attention : il est dit au chapitre 36 de la *Règle* de saint Benoît que « le soin des malades doit tout primer » ; si l'on sait, ensuite, que les bains étaient alors considérés comme une véritable panacée. C'est pourquoi saint Benoît ajoute : « L'usage des bains sera offert aux malades toutes les fois qu'il sera expédient. » Il appartient au médecin d'en décider comme il décide d'une saignée ou de toute autre médication.

Pour ne pas commettre d'anachronisme, il faut attirer l'attention sur le mot latin qu'emploient ces auteurs pour désigner les bains. Le mot signifie « établissements de bains[3] ». L'usage des établissements de bains, c'est leur fréquentation. Dom Augustin Savaton confirme cette interprétation : « Les bains ne sont pas réservés aux seuls malades, mais la Règle

3. Le latin dit : *balnearum usus* ; *balnearum*, génitif de *balneae*, qui signifie « établissements de bains ».

entend réagir contre un abus et contre un culte exagéré des "Thermes", où se déployaient l'immortification et l'impudeur des mondains[4] », d'où la répugnance des âmes délicates à user de cette médication. Quand Augustin suggère : « une fois par mois », ne pensez pas à la cuve du couvent, mais à un établissement de bains qui fonctionne comme nous le verrons dans un instant.

Cette attitude face aux bains fut partagée par les grands penseurs du Moyen Âge. Après avoir dénoncé la tristesse comme l'état d'âme qui nuit le plus à la santé, Thomas d'Aquin énumère des remèdes : le plaisir, le sommeil, les larmes, les bains[5]. Il apporte l'exemple de saint Augustin, brisé de douleur à la mort de sa mère. « Je décidai d'aller aux bains », dit-il. Mais sa douleur est telle qu'il en sort sans que son âme eût « sué l'amertume de son chagrin ». En traduisant ce passage rapporté dans la *Somme théologique*, F. Lachat fait dire à saint Augustin : « Je pris un bain », alors que saint Augustin dit : « J'allai aux bains. » Quand saint Augustin décide d'aller aux bains, il entend les bains publics et non la cuve domestique.

Les réserves de saint Augustin, de saint Césaire, de saint Benoît et de bien d'autres sur la fréquentation par les religieuses et les religieux des établissements de bains — surtout par les jeunes — s'expliquent par la façon dont les choses s'y passaient. Quand on le sait, on s'étonne plutôt qu'ils n'en aient pas interdit carrément la fréquentation. Saint Benoît se contente de cet avertissement : « Aux frères bien-portants et surtout aux jeunes, on le concédera plus rarement. »

Les bains publics ou étuves offraient toute une gamme de services. On y trouvait, évidemment, une piscine ; il y avait, en

4. *La Règle de saint Benoît*, traduite et annotée par Dom Augustin Savaton, p. 96.
5. *Somme théologique*, I-II, q. 38.

outre, des baignoires réservées aux riches, d'autres aux pauvres, d'autres aux malades. Une pièce était aménagée pour la sudation — l'équivalent de nos saunas ; d'autres pièces pour la coiffure, l'épilation, le massage. Il y avait des lits, pour se reposer et vivre les chansons d'amour. On y servait des collations, arrosées de vin, bien entendu. Des musiciens jouaient aux clients leurs airs préférés, dans une atmosphère de parfums et d'herbes aromatiques. Les amis s'y donnaient rendez-vous. On y célébrait parfois des noces. Bref, on s'y rendait davantage pour le plaisir que pour la propreté.

Les scènes d'étuves du Moyen Âge nous apprennent que la pudeur n'existait pas. Le portail de la cathédrale d'Auxerre présente une étuve dans laquelle l'enfant prodigue est massé et essuyé par plusieurs femmes. « Les sirènes et les serpents entourant la scène ne font qu'en souligner toutes les séductions[6]. » Dans les bains du Moyen Âge, les hommes et les femmes, dans le plus simple appareil, comme on dit, se baignent, se font suer, se reposent, s'enlacent sans la moindre gêne. C'est pourquoi j'ai pouffé de rire en lisant, dans *Le monde de Sophie* de Jostein Gaarder : « À la Renaissance, on recommença, en art, à peindre l'homme nu, mettant ainsi fin à mille ans de pudeur. »

Mais, comme on se lasse de tout, même de l'espérance, on se lassa de cette totale familiarité. Vers la fin du XIVe siècle et par la suite, des règlements limitent les mélanges et les contacts. Beaucoup d'étuves reviennent à la séparation des sexes ou à l'alternance, que les Romains avaient connues : appartements particuliers pour chaque sexe ; jours ou heures pour les femmes, jours ou heures pour les hommes. On ravivait ainsi les pratiques qu'avait connues l'Empire romain, au début du christianisme, alors que l'Église et l'État avaient sévi, à plusieurs reprises, au nom de la moralité publique. Mais il

6. Georges VIGARELLO, *Le propre et le sale*, Paris, Seuil, Histoire ; H 92, 1973, p. 38.

resta amplement de bains pour ceux et celles qui voulaient se baigner nus dans une même cuve, où les attouchements et les caresses allaient de soi.

Ainsi s'expliquent les recommandations de la *Didascalie*. Aux hommes, il est prescrit :

> Après le travail et la lecture des saints livres, [...] lave-toi dans un bain d'hommes et non dans un bain de femmes, de crainte qu'après t'être déshabillé et avoir montré ta nudité, tu ne sois captivé par une femme ou que tu n'en captives une. » Aux femmes : « Prends garde de ne pas te laver dans un bain avec les hommes. Quand il y a des bains pour les femmes, ne va pas, ô femme fidèle, te laver avec les hommes [...], mais s'il n'y a pas de bains de femmes et si tu as besoin de te laver dans le bain commun aux hommes et aux femmes — pratique qui ne convient pas à la pureté —, lave-toi avec honte, modestie et mesure, pas tous les jours, ni dans le milieu du jour, mais à dix heures, car il est nécessaire que toi, femme chrétienne, tu fuies le vain spectacle des yeux que présentent les bains.

Ce texte accorde donc aux femmes la permission d'utiliser un bain qui ne leur est pas spécialement réservé. Les désordres qui pouvaient s'ensuivre sont décrits par saint Cyprien, Clément d'Alexandrie et d'autres. Clément nous parle de femmes qui ne rougissent pas de se montrer nues devant les spectateurs, comme devant des marchands d'esclaves. Il existe bien un petit caleçon court, appelé en latin *subligaculum* (*sub*, en-dessous ; *ligare*, bander — des blessures), mais les femmes, même chrétiennes, ne s'en embarrassent pas toujours. Certaines se mettent nues devant leurs esclaves et se font masser par eux. Les esclaves se déshabillent à leur tour pour manifester leur désir... Clément s'indigne : « Comme si la pudeur s'effaçait elle aussi avec le bain[7] ! » Saint Cyprien adresse des

---

7. On trouve ces propos et d'autres semblables dans *Le pédagogue* de Clément D'ALEXANDRIE, Paris, Migne, 1991, III, p. 13-33, 46-48.

remontrances non moins sévères à ces vierges chrétiennes qui, dans les bains publics, se présentent nues devant des hommes nus, s'exposant elles-mêmes et exposant leurs « admirateurs » aux dangers que l'on connaît. Ces bains ne nettoient pas les membres : ils les souillent. Le bain devient un spectacle. On laisse à la porte toute retenue ; on dépouille toute décence en même temps que ses habits[8].

Un grand philosophe et médecin juif du Moyen Âge, Maïmonide (1135-1204), fait la promotion des bains publics et enseigne aux gens comment s'y comporter pour en retirer le maximum de profit : « L'usage convenable des établissements de bains implique que l'on s'y rende une fois par semaine. On se lave tout le corps avec de l'eau chaude ; la tête avec de l'eau plus chaude. Cela fait, on se rince à l'eau tiède, puis à l'eau fraîche jusqu'à ce que l'on finisse par plonger tout son corps dans l'eau froide. On n'utilise l'eau froide qu'après une sudation et une friction de tout le corps[9]. » Maïmonide énumère dix objets, institutions ou personnes dont un disciple des sages vérifie l'existence avant d'établir sa demeure dans une ville : un médecin, un chirurgien, un établissement de bains, des latrines publiques, de l'eau courante, un fleuve ou une source, une synagogue (Maïmonide était juif), un maître élémentaire, un copiste, un trésorier d'œuvres charitables, un tribunal correctionnel.

Si Michelet a vraiment dit, en parlant du Moyen Âge : « Nul bain pendant mille ans », il a commis une grossière calomnie. Maïmonide demande aux gens de se rendre aux « établissements de bains » une fois par semaine, mais ce n'est pas tout. « S'imposer chaque matin un peu d'exercice pour la mise en train, puis se reposer avant de passer à table. Un bain chaud après l'exercice est excellent. » Ce bain chaud, si l'on

8. Saint Cyprien, *Œuvres complètes*, Tours, 1869, II, p. 27-28.

9. Maïmonide, *Le livre de la connaissance*, ch. IV.

n'est pas équipé pour le prendre à la maison, il faut le prendre aux établissements de bains. Bien des gens y allaient tous les jours, comme le laissait entendre le texte de la *Didascalie*, qui demandait aux femmes chrétiennes obligées de se laver dans des bains d'hommes de ne pas s'y rendre tous les jours. Dans la collection Lagarde et Michard, des générations d'innocentes victimes de la bêtise des aînés apprenaient, au sujet de Rabelais : « Médecin, il réhabilite le corps injustement méprisé au Moyen Âge. »

À Paris, en 1292, la corporation des étuveurs et des étuveresses régit 26 établissements de bains publics. Un crieur parcourt les rues pour inviter les gens à venir goûter la chaleur des bains et parfois celle des hôtesses. Toutes les villes le moindrement importantes en comptaient au moins un. Aux bains publics s'ajoutaient ceux que les riches faisaient construire dans leurs demeures et ceux des monastères. Pendant le Moyen Âge et jusqu'au XVIe siècle, la plupart des monastères et des couvents disposaient d'un « établissement de bains ». Certains monastères en avaient de luxueux : celui de l'abbaye de Saint-Gall, au IXe siècle, aurait fait l'envie du palais de Versailles. Les papes et les évêques firent souvent construire des établissements de bains.

Contrairement à ce que l'on pourrait penser, c'est à partir de la Renaissance que les établissements de bains publics commencèrent à se raréfier. Pour deux raisons. La première, d'ordre social. Les gens devinrent de plus en plus intolérants envers ces lieux turbulents, corrupteurs et violents. Avant de mettre la clef sur les portes intolérables, on adopta certaines mesures : amendes et parfois peine de mort, mais sans succès. En France, par ordre de François Ier (1515-1547), beaucoup d'étuves fermèrent leur porte.

La deuxième raison qui a amené la fermeture de bains publics relève de la médecine. On s'imagina que le travail violent, la chaleur et aussi l'eau chaude des bains ouvraient les pores de la peau et que les maladies pénétraient dans l'organisme par ces ouvertures. Les médecins supplieront donc les gens de ne pas fréquenter les endroits publics : écoles, églises, mais surtout les bains, car la promiscuité y est encore plus étroite avec tous ces corps nus qui se côtoient. Pour fermer les portes et les fenêtres de leur corps à la peste, qui sévissait régulièrement à la Renaissance, les gens désertèrent donc les bains publics.

La syphilis, cette forme de « peste », comme certains disaient, commença à se répandre en Europe en 1495 — tout juste après le Moyen Âge — et, en moins de cinq ans, elle avait envahi l'Italie, la France, l'Allemagne, l'Angleterre, la Pologne et la Russie, semant partout la terreur par sa violence et la gravité des lésions qu'elle provoquait. Raison de plus de tenir bien closes toutes les ouvertures de son corps et de se vêtir de manière à ne pas retenir l'air contaminé qui circulait : éviter les fourrures et les lainages, porter des vêtements très ajustés.

Il y a plus. Si la peste et la syphilis pénètrent par les ouvertures du corps, ces mêmes ouvertures laissent échapper l'énergie. Tout le monde en viendra à croire que le bain affaiblit l'organisme et qu'il faut s'en abstenir, à moins qu'on ne l'entoure de grandes précautions. Un certain docteur Gazius avouait n'avoir jamais pris un bain de sa vie et ne pas s'en porter plus mal. Bien d'autres auraient pu faire le même aveu.

Quelles sont donc les précautions à observer si l'on ose quand même pendre un bain ? Un exemple le fera voir. Un matin de mai 1610, Henri IV envoie chercher son ministre Sully, que le messager trouve en train de se baigner. Sully veut enfiler son pantalon et courir chez le roi, mais tout le monde le supplie de ne pas s'exposer à l'air du dehors. Informé de la situation, le roi retourne le messager vers son ministre pour lui défendre de sortir ce jour-là, car cela porterait préjudice à sa santé. Les dangers de ce bain ne seront pas écartés dans vingt-quatre heures, et le messager continue: « Le roi vous ordonne de l'attendre demain avec votre robe de nuit, vos bottines, vos pantoufles et votre bonnet de nuit, afin de ne pas vous incommoder pour votre dernier bain. »

Puisque le bain est si redoutable, on passera à la toilette sèche [le nettoyage à sec...]: au lieu de se laver le visage et le corps, on les frotte avec un linge blanc. Les odeurs ne sont évidemment pas tolérées: on les combat avec des parfums et non avec de l'eau et du savon. Par exemple, on se frictionne les aisselles avec un linge parfumé. Au XVIIᵉ siècle, on croira que le visage est fragile; par conséquent, lui épargner l'eau et l'essuyer avec un linge blanc. Les dangers de l'eau sont nombreux: elle affaiblit la vue, engendre des maux de dents, rend le visage pâle et moins résistant au froid... Lors de la toilette, l'eau n'est utilisée que pour le lavage des mains et de la bouche; son rôle principal, elle le joue dans les jardins sous forme de cascades, de jets, de fontaines.

La baignoire de marbre que Louis XIV avait installée à Versailles terminera ses jours comme bassin dans un jardin. Dans les inventaires des défunts, il est rare de trouver une cuve à baigner. Au milieu du XVIIᵉ siècle, aucun médecin parisien n'en possède. Après avoir beaucoup travaillé et sué, on change de linge, mais on ne se lave pas. La saleté qui reste collée au corps partira avec la prochaine chemise...

Les cuves à baigner vont réapparaître au milieu du XVIIIᵉ siècle, chez les privilégiés. Peu à peu, on commence à prévoir des pièces réservées aux baignoires. On en aménage à Versailles, et le roi se baigne. Cependant, méfiante envers l'eau du « robinet », sa majesté le roi utilise l'eau alors plus pure du courant de la Seine. Les salles de bain sont quand même rarissimes à ce moment-là: moins d'une famille riche sur dix en possède une, mais on est justifié de croire qu'il y a plus de baignoires que de salles de bain, et ces baignoires ne sont plus des cuves : elles ont à peu près la forme des nôtres. Les cabinets de bain sont un luxe qui donne de la valeur à une habitation et qui favorisent la sensualité.

Pendant tout le XIXe siècle, la pudeur freinera le retour des bains chauds. Et ce ne sont pas les éducateurs ensoutanés qui prétendent que l'eau chaude éveille le désir sexuel ; ce sont des laïcs et des médecins. Dans l'isolement que procure la baignoire, comment peut-on rester nu sans qu'il se passe des choses ? Le danger est encore plus grand dans les internats, car les surveillants sont moins nombreux que les élèves. Que l'on permette les bains chauds aux malades, soit, puisqu'on ne les quitte pas un seul instant.

La pudeur s'impose davantage quand il faut dénuder le corps pour certaines ablutions qui nécessitent des attouchements. Attention aux gestes ; attention aux regards. Une dame — qui n'était pas une religieuse — conseillait de fermer les yeux jusqu'à ce que l'opération soit complétée. Mais les religieuses ne manquaient pas de pudeur... Les témoignages abondent de pensionnaires de couvents qui, jusqu'au milieu du XIXe siècle, devaient enfiler une chemise pour se baigner. Chez les religieuses elles-mêmes, cette pratique se prolongea jusqu'à la moitié du XXe siècle. Il en était également ainsi dans certaines familles de l'élite.

Ces considérations sur des pratiques antérieures et sur des pratiques postérieures au Moyen Âge nous permettent d'évaluer plus objectivement l'attitude des Médiévaux envers le corps, les bains, la propreté, la pudeur. Il semble facile de conclure que, de tous ces points de vue, le Moyen Âge ressemble davantage à ses devanciers qu'à ses successeurs. Et l'on est d'accord avec Jeanne Bourin quand elle nous parle de la grande propreté qui régnait alors, malgré quelques îlots de crasse sur cette mer de propreté.

CHAPITRE 12

La sorcellerie

Dans un même paragraphe, où elle nous demande d'oublier «l'affreux hiver du Moyen Âge», Benoîte Groult parle de «centaines de milliers de sorcières brûlées au cours d'une des plus cruelles campagnes d'extermination de l'Occident, qui dura trois siècles[1] ». Puisqu'il n'y a pas d'autre époque de mentionnée, le lecteur non averti croit que ces trois siècles «d'extermination» sont trois des dix siècles du Moyen Âge. Par curiosité, j'ai ouvert, au mot *sorcier*, une encyclopédie que j'ai sous la main. On y disait: «Personne qui, par un pacte avec le diable, croyait-on, avait le pouvoir de jeter des sorts, d'opérer des maléfices.» Puis la perle: «Au Moyen Âge, on brûlait les sorcières.»

Pour déterminer la part de sorcellerie imputable au Moyen Âge, Jean Palou commence par examiner l'époque mérovingienne — 511 à 751 — et conclut que, d'une manière générale, cette époque se montre clémente envers les quelques sorcières ou sorciers dénoncés. Pendant la période carolingienne — 751-987 —, pas un seul cas d'exécution pour sorcellerie n'est

1. Benoîte Groult, *Ainsi soit-elle*, Paris, Bernard Grasset, Le Livre de Poche; 4915, 1975, p. 121.

connu. Les deux premiers siècles de la période capétienne — XIe et XIIe siècles — ne verront que de rares exécutions. Au XIIIe siècle, la croyance à la sorcellerie se répand, mais les châtiments sont bénins et peu fréquents. Et l'on arrive à la fin du Moyen Âge, à son déclin : XIVe siècle et première moitié du XVe. Pendant cette période, les malheurs n'ont pas manqué : famines, guerre de Cent Ans, Peste noire ou Grande Peste, révoltes populaires, conditions climatiques affreuses. La sorcellerie étant, jusqu'à un certain point, fille de la misère, le déclin du Moyen Âge favorisait son expansion.

Un autre grand spécialiste de la sorcellerie, Robert Muchembled, écrit : « Les procès de sorcellerie ne commencèrent à dépasser la dizaine de cas par an pour l'ensemble de l'Europe qu'à partir de la fin du premier tiers du XVe siècle[2] », soit vers 1430. Si l'on considère que la chute de l'Empire romain d'Orient, en 1453, marque la fin du Moyen Âge, « la fin du premier tiers du XVe siècle », c'est moins de vingt-cinq ans avant la fin du Moyen Âge, qui a duré mille ans. Selon Muchembled, toujours, le nombre des poursuites pour l'ensemble de l'Europe ne dépasse quand même pas la cinquantaine de cas par an, et poursuite ne signifie pas bûcher. Le nombre des sorcières et des sorciers qui sont montés sur le bûcher pendant tout le millénaire du Moyen Âge n'atteint guère un millier. On est loin des centaines de milliers qu'imagine Benoîte Groult.

Contrairement à ce que l'on pourrait penser, c'est de 1580 à 1640 que la chasse aux sorcières connut sa plus forte intensité : 1580, c'est le XVIe siècle, c'est la Renaissance ; 1640, c'est le XVIIe siècle. On reste songeur. Eût-il été plus juste que mon encyclopédie note : « À la Renaissance et au XVIIe siècle, on brûlait les sorcières » ? Quel choc ! Toutes les horreurs du passé

---

2. Robert MUCHEMBLED, *Le roi et la sorcière*, Paris, Desclée, 1993, p. 76.

ne doivent-elles pas s'entasser dans la grande poubelle de l'histoire, le Moyen Âge? Stupéfiant, mais le prestigieux XVIIe siècle appartient à l'époque qui s'est le plus tristement signalée par sa lutte barbare contre les sorciers et les sorcières. Même le XVIIIe en a été entaché.

Une autre surprise nous attend. Les pays qui se livrèrent avec le plus de sévérité à la chasse aux sorcières furent tout d'abord l'Allemagne, puis la Suisse et l'Écosse. Pour une population de quatre millions d'habitants, l'Angleterre a allumé mille bûchers; la France n'en a pas allumé davantage pour une population cinq fois supérieure. Pour une population comparable à celle de l'Angleterre, la Scandinavie a allumé deux mille bûchers. La persécution a été à peu près inexistante en Italie, en Espagne et au Portugal.

À partir de la Renaissance, c'est le «bras séculier» qui poursuit les sorciers et les sorcières. Le «bras séculier», c'est-à-dire l'autorité civile et non pas l'Église et son Inquisition, tristement célèbre. Quelques exemples. En Lorraine sévit un redoutable chasseur de sorcières, Nicolas Rémy, grand juge et procureur général de 1576 à 1591. Cet homme abominable a envoyé au bûcher environ trois mille sorciers et sorcières. En 15 ans, trois fois plus de victimes, à lui seul, que pendant tout le millénaire du Moyen Âge. Ce «refoulé sadique» a commis un traité de *Démonolâtrie*, dans lequel il rapporte des inepties de cette sorte: «Jeanne brise une coquille d'escargot et la réduit en poudre. Pourquoi? Tous les moutons de Barbe, sa voisine, sont morts depuis. Il est bien évident, conclut ce juge sans jugeotte, que c'était pour les tuer que Jeanne préparait cette poudre.» Comme sophisme du genre *post hoc, ergo propter hoc* (après, donc à cause de), on ne peut trouver mieux. Le monstrueux juge Nicolas Rémy condamna la pauvre Jeanne à être brûlée.

Henri Boguet (mort en 1619; donc au XVIIe siècle) est grand juge de Saint-Claude en Jura. Aussi cruel que Nicolas

Rémy, le juge Boguet fit exécuter six cents sorciers. Il écrivit en 1602 un *Discours exécrable des Sorciers*, qui contient des détails qu'il serait absolument impossible de citer de nos jours sans faire frémir d'horreur tout lecteur normal. Dégoûtée, sa famille détruisit tous les exemplaires sur lesquels elle réussit à mettre la main.

C'est en Allemagne, je l'ai dit, que la lutte contre les sorciers et les sorcières fut la plus féroce. Les aveux étant arrachés par la torture, les accusés sont coincés: pour faire cesser la torture, ils doivent se déclarer coupables des crimes dont on les accuse, mais alors c'est le bûcher. Pourquoi donc, direz-vous, se déclarent-ils coupables? Tout simplement parce que la torture augmente tant que l'aveu n'a pas été obtenu; quand la douleur devient insupportable, la victime avoue n'importe quoi. En outre, le mal présent est pire que le mal futur — on ne sait jamais ce qui peut se produire entre le mal présent et le mal futur. On avoue et on espère.

Le jésuite Frédéric von Spee, qui a accompagné au bûcher de nombreuses victimes, déclare: «Je jure au nom de Dieu que je n'ai jamais conduit au bûcher un seul sorcier dont je puisse affirmer en mon âme et conscience qu'il était coupable.» Le même jésuite est accablé par le spectacle qui se déroule sous ses yeux: «Il n'y avait dans toute l'Allemagne que des piles de bois flambantes.» On attribue 22 500 bûchers à l'Allemagne; de loin la championne en nombre absolu.

À Neisse, en Silésie, on manqua de bois pour alimenter les bûchers. On construisit donc des fours pour exterminer à meilleur compte les malheureuses victimes. En 1651, une fournée de 42 femmes y périrent à la fois; 1000 autres victimes y furent exterminées en neuf années, parmi lesquelles des enfants de deux à quatre ans. Est-il nécessaire de faire remarquer qu'on n'est plus au Moyen Âge, mais au beau milieu du XVIIe siècle?

La dernière sorcière allemande qui monta sur le bûcher fut une religieuse, Maria Renata. Elle périt le 27 juin 1749, après avoir été dénoncée à la justice par des religieuses de son couvent. Donc, au beau milieu du XVIIIe siècle. Le siècle des Lumières ; siècle des dernières lueurs et des dernières fumées de bûcher aussi. La France avait devancé de peu l'Allemagne, le dernier bûcher ayant flambé à Bordeaux en 1718.

Il se passa, pendant cette période, des choses à faire dresser les cheveux sur la tête. En 1609, par exemple, deux religieuses d'Aix accusent un prêtre de Marseille, l'abbé Louis Gaufridi, de les avoir ensorcelées ; l'une de ces nonnes ajoute que le prêtre a abusé d'elle alors qu'elle avait neuf ans. Toutes deux l'accusent aussi de les avoir conduites à un Sabbat, où il avait célébré une messe infernale en présence de Satan, incarné dans un dogue. Ce fut suffisant pour que le pauvre Gaufridi soit arrêté et soumis à la torture. Comme tant d'autres suppliciés, il mit un terme aux souffrances présentes en s'avouant sorcier. Le malheureux prêtre fut brûlé à Aix, le 30 avril 1611. Trois ans après la fondation de Québec...

Le grand tournant de l'histoire de la sorcellerie en France se produisit en 1672, année où le roi Louis XIV cassa un arrêt de mort prononcé contre douze personnes condamnées au feu. La même année, Colbert interdit aux tribunaux d'admettre l'accusation de sorcellerie. Le Parlement de Rouen adressa des remontrances au roi, car il voyait un danger à mettre en doute la sorcellerie. L'historien Jules Michelet formule ainsi ce danger : « En doutant des mystères d'en bas, on ébranle dans beaucoup d'âmes la croyance aux mystères d'en haut. »

L'intervention de 1672 fut suivie, en 1682, d'une ordonnance de Louis XIV qui réservait le supplice aux sorcières et aux sorciers impies et sacrilèges. Le roi avait subi un terrible choc en apprenant que sa maîtresse, la marquise de Montespan, était compromise dans une affaire de poison et que, de plus, son corps nu servait d'autel à l'abbé Guibourg pour la célébration de messes sacrilèges.

Il était normal que des voix s'élèvent pour protester contre le cruel traitement que l'on faisait subir à toutes les personnes soupçonnées de sorcellerie. L'absurdité de la torture comme moyen d'établir la culpabilité d'un accusé exaspérait bien des gens. Quand on pense aux personnes célèbres qui ont vécu aux XVIe et XVIIe siècles, on ne s'étonne pas que de nombreuses voix se soient élevées pour ramener la justice sur la route du bon sens, mais on s'étonne que le meilleur côtoie ainsi le pire.

Le XVIe siècle, c'est le siècle d'Érasme, de Rabelais, du grand médecin et chirurgien Ambroise Paré, de Ronsard, de Léonard de Vinci, de Calvin, de Montaigne et de tant d'autres têtes bien faites. Quant au XVIIe siècle, c'est le siècle d'une pléiade de personnages illustres : Bossuet, La Fontaine, Boileau, Descartes, Pascal, Galilée, Newton, Leibniz, Racine, Corneille, François de Sales, Molière, etc. Il est difficile d'imaginer que de si beaux esprits aient circulé à travers les bûchers.

Pour terminer, rectifions les propos qui ont amorcé ce développement. Tout d'abord, le nombre de bûchers : les sorcières et les sorciers brûlés dans toute l'Europe ne se comptèrent pas par centaines de milliers ; le nombre vraisemblable, moins de 50 000, dont un seul millier pour le millénaire du Moyen Âge. C'est déjà trop, me direz-vous. Oui, mais, quand on compare ce nombre aux hécatombes du XXe siècle, c'est bien peu. Les victimes de Mao, de Staline, de Hitler, de Pol Pot se comptent par millions. Autre rectification : la « campagne d'extermination » n'a pas duré trois siècles ; elle s'est étendue de 1580 à 1640 — soixante ans. Le grand coupable, c'est le XVIIe siècle. Mon encyclopédie devrait dire : « Au XVIIe siècle, on brûlait les sorcières. » Les pays à montrer du doigt : l'Allemagne, tout d'abord, puis la Suisse et l'Écosse.

CHAPITRE 13

Deux plaies du clergé : nicolaïsme et simonie

Nicolaïsme est un mot savant qui enveloppe de mystère le désordre des mœurs du clergé. Son origine est difficile à déterminer, mais il semble plausible qu'il dérive d'un certain Nicolas, comme le mot *simonie* dérive d'un Simon bien connu, le magicien des *Actes des Apôtres*, qui offrit de l'argent à Pierre et à Jean pour obtenir le pouvoir de conférer l'Esprit-Saint en imposant les mains. « Périsse ton argent avec toi-même, répliqua Pierre, si tu penses acquérir à prix d'argent le don de Dieu[1]. » Sondons ces deux plaies.

Le nicolaïsme, ou immoralité des gens au pouvoir dans l'Église, étonnait davantage les bonnes gens de cette époque que la simonie. On pouvait ignorer que tel évêque avait « acheté » son évêché, ignorer le montant qu'il avait déboursé, mais on voyait bien que tel évêque était marié, avait des enfants : au moment même où quelqu'un lui donnait du « Mon Seigneur », un mioche lui criait : « Papa ! » Comment ne pas remarquer l'« essaim de femmes » qui en entourait un autre ? Cette jolie métaphore jaillit de l'imagination de saint

1. *Les Actes des Apôtres*, 8,18-21.

Pierre Damien — qui mourut évêque d'Ostie en 1072 — en voyant aller un de ses confères dans l'épiscopat, Rambaldo, évêque de Fiesole. On voyait bien que tel prêtre était marié, avait des enfants ou vivait en concubinage.

Vous m'objecterez peut-être que les prêtres avaient le droit de se marier pendant le premier millénaire de l'Église. Beaucoup de gens le pensent, en effet, mais il faut distinguer. Au temps des Apôtres, oui: « N'avons-nous pas le droit, écrit saint Paul, d'emmener avec nous une chrétienne, qui soit notre femme, tout comme les autres apôtres, et les frères du Seigneur, et Céphas [Pierre][2]. » Cependant, dès les temps apostoliques, les évêques et les prêtres les plus austères optaient pour le célibat; les autres avaient des épouses, qui partageaient leur lit et vivaient sous leur toit. À partir du IVe siècle, le célibat devint obligatoire, *en principe*, dans l'Église d'Occident. Les évêques et les prêtres déjà mariés furent, en général, autorisés à poursuivre leur genre de vie.

Parmi les autres — les célibataires au moment de leur accession au sacerdoce ou à l'épiscopat —, certains refusèrent la nouvelle réglementation et prirent secrètement des concubines. Les papes et les évêques opposés à ce choix préféraient, bien souvent, fermer les yeux et supporter en silence. Les décisions des conciles qui renouvelaient l'interdiction restaient, d'ordinaire, lettre morte, de sorte que, au Xe siècle, la loi du célibat ecclésiastique était tombée en désuétude. Quand on dit que le grand réformateur de l'Église, Grégoire VII, pape de 1073 à 1085, imposa le célibat aux prêtres et aux évêques, comprenez qu'il s'efforça de les contraindre au célibat, car le mariage n'était pas permis. Nous reviendrons sur sa croisade.

Selon les meilleurs historiens catholiques[3], c'est pendant les Xe et XIe siècles que le « démon de la chair » connut ses plus

2. Saint Paul, *Première Épître aux Corinthiens*, 9,5.

3. *Histoire de l'Église*, tome 7, p. 476-482.

grands succès auprès des gens d'Église. La « peste » de l'immoralité sévissait partout : Italie, France, Allemagne. Nous verrons que, même à partir du XIIe siècle, ce démon n'a pas connu que des revers.

En Italie, vers 950, l'évêque de Verceil enguirlandait les prêtres de son diocèse : « J'ai honte de le dire, mais je crois dangereux de le taire, plusieurs d'entre vous sont tellement subjugués par la passion qu'ils permettent à d'obscènes courtisanes d'habiter dans leurs demeures, de partager leur nourriture, de se montrer avec eux en public. Conquis par leurs charmes, ils les laissent diriger leur maison, instituent leurs bâtards pour héritiers [...] et, afin que ces femmes puissent être bien parées, les églises sont dépouillées et les pauvres souffrent[4]. » L'évêque de Vérone constate avec une profonde douleur que, s'il appliquait le règlement qui stipule qu'un prêtre marié soit déposé, tous les clercs de son diocèse seraient privés de leurs fonctions et les brebis erraient sans pasteurs. Enfin, un autre évêque célibataire se croyait justifié d'affirmer : « Tous les prêtres et les lévites ont des femmes. »

Au XIe siècle, la situation ne s'est guère améliorée. Saint Pierre Damien, adversaire infatigable du nicolaïsme, nous a laissé des traités et des lettres où abondent les descriptions de prélats et de clercs débauchés. À côté de l'évêque de Fiesole, « entouré d'un essaim de femmes », un certain Denis, évêque de Plaisance, se révélait « plus expert à juger de la beauté des dames que des qualités requises d'un candidat à des fonctions ecclésiastiques ». Pierre Damien dénonce également une foule de prêtres mariés ou concubins, dont il compare les épouses illégitimes à des louves, à des chouettes, à des tigresses assoiffées ou à des vipères venimeuses.

Non contents de se marier publiquement, les clercs du XIe siècle s'adonnaient aux péchés contre nature qui entraînèrent

4. *Ibid.*, tome 7, p. 477.

la destruction de Sodome et de Gomorrhe. Pierre Damien va s'attaquer férocement à la sodomie, répandue parmi les moines, selon lui. C'est pour stigmatiser et combattre ce fléau qu'il compose son *Livre de Gomorrhe.* Même en notre XXe siècle, qui en a vu bien d'autres, Augustin Fliche se sent incapable de suivre Pierre Damien dans la description qu'il brosse de la sodomie, dévoilant même les détails les plus crus[5].

La chasteté n'était guère plus florissante en Allemagne. Un concile réuni à Mayence, en 888, se désole de l'incontinence des clercs, dont quelques-uns n'ont même pas respecté leurs propres sœurs. Deux évêques indignés chassèrent de leur ville les concubines de ces prêtres scandaleux, « de peur que le voisinage malsain des courtisanes ne fût fatal à ceux qui voulaient rester chastes ». D'autres conciles furent acculés aux mêmes pénibles constatations et cherchèrent à raidir les cordeaux à plusieurs prélats allemands. Écoutez ce sermon synodal: « Chacun de vous, dès qu'il a reçu l'onction sacerdotale et que, tout indigne qu'il en fût, il a été chargé de l'administration d'une paroisse, s'est donné comme principal souci de se choisir une épouse et de l'associer à sa vie, contrairement aux lois canoniques et aux décrets des saints Pères. »

L'Église de France connaissait les mêmes problèmes. En 909, un synode réuni à Trosly constatait avec douleur que « de mauvais prêtres pourrissaient dans le fumier de la luxure et, par leur conduite, nuisaient à la réputation de ceux qui restaient chastes, car les laïcs étaient portés à généraliser: "Tels sont tous les prêtres de l'Église." »

Les monastères n'étaient pas toujours édifiants non plus. En Italie, par exemple, les moines de Farfa entretenaient des concubines. Un peu gênés, au début, ils ne tardèrent pas à s'afficher en public. La débauche se développa encore plus

5. Augustin FLICHE, *La réforme grégorienne*, Paris, Louvain, 1924, I, p. 191.

quand le marquis Thibaud eut installé comme abbé son frère Hubert: on se livra alors dans le monastère « à toutes les obscénités du siècle ».

On pourrait énumérer plus d'une cause aux désordres constatés dans les monastères, mais l'une des plus étonnantes pour nous, du xxe siècle, c'est le fait que les abbés, contrairement aux exigences de la *Règle* de saint Benoît, n'étaient pas toujours des moines. Une abbaye pouvait avoir à sa tête un évêque ou même un laïc. Quand le roi faisait cadeau d'une abbaye à l'un de ses amis, cet ami devenait *ipso facto* abbé du monastère, c'est-à-dire trésorier... L'abbé laïque y déployait sa femme, ses enfants, ses chevaliers, ses palefreniers, ses chiens, ses oiseaux de chasse, etc. Ces gens n'étaient pas là pour chanter matines et se flageller... Beaucoup de moines succombaient à la tentation de les imiter; il arrivait même que certains se marient et demeurent au monastère avec leur femme et leurs enfants[6].

Désireux de régulariser leur situation, certains clercs concubins décidaient de contracter mariage publiquement, même si le mariage était interdit par l'Église aux clercs des ordres majeurs: évêques, prêtres, diacres. Les divers écrits du temps nous signalent un peu partout des évêques et des prêtres mariés.

Les prêtres mariés se justifiaient sans peine à leurs propres yeux. Pour certains, le mariage s'imposait comme une nécessité: « Sans le concours des mains féminines, disaient-ils, nous péririons de faim ou de nudité. » En général, les paroisses étaient très pauvres; pour joindre les deux bouts, il fallait que la maison fût bien administrée. Le ministère sacerdotal exigeait trop du prêtre pour qu'il parvienne à bien remplir les deux fonctions: subvenir aux besoins spirituels de ses ouailles et

6. *Histoire de l'Église*, tome 7, p. 317-318.

tenir sa maison. Il avait donc recours à une femme pour la seconde fonction. D'autres puisaient des arguments chez saint Paul: «Pour éviter la fornication, que chaque homme ait son épouse et chaque femme son époux[7].» Remarquez, disaient-ils, saint Paul ne fait pas d'exception pour les prêtres. Bien plus, à Timothée, saint Paul écrit: «L'évêque doit être irréprochable, mari d'une seule femme [...], sachant bien gouverner sa propre maison et maintenir ses enfants dans la soumission, etc.[8].» On retrouve les mêmes idées dans l'épître à Tite. Dommage pour eux, un règlement avait rendu saint Paul désuet...

Et les évêques et les prêtres mariés ou concubins scandalisaient les fidèles, même dans les endroits où le mariage semblait la norme. Certains chrétiens refusaient d'assister à la messe d'un prêtre marié ou concubin; ils refusaient de lui confesser leurs péchés et de recevoir de ses mains la sainte communion. Une autre conséquence de cette situation, c'était le grand nombre de fils de prêtres. Naturellement, le prêtre qui avait un fils désirait lui léguer son église. Quand les fils d'un prêtre n'entraient pas dans le clergé, leur père utilisait les ressources de son église pour les placer. Comme on ne pouvait le cacher aux fidèles, ceux-ci, indignés, étaient moins généreux à la quête... Cette transmission héréditaire se pratiqua même dans les évêchés: à plusieurs endroits, des évêques se succédèrent de père en fils sur le même siège épiscopal.

D'ingénieux moyens furent imaginés pour combattre le fléau. Par exemple, au concile d'Augsbourg, en 952, on pensa que seuls les châtiments corporels pourraient venir à bout des récalcitrants. On les menaça du fouet et de la tonsure. L'histoire ne dit pas combien de prêtres mariés ou concubins furent fouettés et tonsurés. Sans doute très peu, s'il en fut. Certains

7. *Première Épître aux Corinthiens*, 7,2.
8. *Première Épître à Timothée*, 3,2-5.

évêques imposèrent une amende; les contrevenants l'inclurent dans leurs prévisions budgétaires, comme une taxe qui, à leurs yeux, régularisait leur situation. D'autres songèrent à rejoindre les clercs incontinents dans leurs enfants en empêchant ces derniers de faire une carrière non seulement dans le clergé, mais aussi dans le monde. Toutes ces mesures s'avérèrent inefficaces.

Les croisés de la chasteté utilisèrent à fond la parole. Tout d'abord, pour rappeler aux récalcitrants les prescriptions de l'Église à ce sujet, la nécessité de donner le bon exemple aux fidèles et les châtiments éternels qui les attendaient. Puis ils firent ce que nous faisons pour détourner les gens de la drogue, du tabac ou de l'alcool: nous cherchons à faire détester ces substances qui causent souvent la ruine de leurs usagers. Les chevaliers québécois de la tempérance présentaient les boissons alcooliques comme du poison. De la même façon, les promoteurs du célibat ecclésiastique présentaient la femme, objet de l'amour irrésistible de tant d'évêques et de prêtres, comme un objet digne de mépris. Qui ignore cet autre côté de la médaille ne remarque pas, en lisant leurs propos démesurés, qu'ils combattent un excès par un autre excès.

Vous aimeriez savoir en quels termes ils parlaient de la femme? Cédons la parole à Odon, abbé de Cluny — xe siècle: «La beauté physique ne va pas au-delà de la peau. Si les hommes voyaient ce qui est sous la peau, la vue des femmes leur soulèverait le cœur. Quand nous ne pouvons toucher du doigt un crachat ou de la crotte, comment pouvons-nous embrasser ce sac de fiente[9]?» Les nombreux évêques et prêtres mariés qui ont lu ou entendu le bon abbé devaient rire dans leur barbe: ils l'aimaient bien, leur «sac de fiente», sac aussi de

9. Jean Delumeau, *La peur en Occident*, Paris, Fayard, 1978, p. 409.

« tendresse », comme dit l'abbé Pierre dans son *Testament*. La réciproque est également vraie, même si Odon ne le mentionne pas. En effet, au dire d'Aristote, si l'homme avait les yeux de Lyncée — l'homme aux yeux de lynx —, le corps d'Alcibiade, extérieurement si beau, deviendrait repoussant. Sac de fiente, lui aussi, et nous aussi. Quand on veut noyer son chien, on dit qu'il a la gale.

Au XIe siècle, des papes reprirent les armes, de concert avec les évêques ni mariés ni concubins, pour chasser de l'Église le démon de l'impureté. Le premier pape en lice fut Léon IX (1049-1054), mais celui dont le nom est passé à l'histoire, c'est Grégoire VII (1073-1085), un ancien moine. Il s'attela à la tâche entreprise, sans beaucoup de succès, par quelques-uns de ses prédécesseurs et chercha des sanctions efficaces contre les débordements d'évêques et de prêtres nullement disposés à renoncer non seulement aux plaisirs de la chair, mais à la tendresse et à l'assistance qu'apporte une épouse.

Grégoire VII va considérer comme un devoir impérieux de sa charge de juguler la simonie et le nicolaïsme. Il interdit donc aux prêtres fornicateurs de célébrer la messe, décrète la déposition des prélats qui achètent leur dignité et défend aux fidèles d'assister aux offices qu'ils président. Il n'y avait là rien de nouveau : c'était la réédition pure et simple de mesures prises au concile de Latran en 1059 et restées lettre morte. Mais Grégoire VII entend bien montrer à tous qu'il ne badine pas : les décrets qu'il vient de rééditer, il va les faire appliquer. À cette fin, il envoie des légats en Allemagne et en France ; lui, il se chargera de l'Italie.

Les deux évêques envoyés comme légats en Allemagne proposent de convoquer un concile, qu'ils présideraient au nom de Grégoire VII et pendant lequel ils annonceraient les décisions prises par le Pape. Ils essuient un méprisant refus, et Grégoire VII décide d'intervenir en personne. Sur les entrefaites, dans une lettre à ses fidèles amies, les comtesses Béatrix et Mathilde, il déplore avoir recouvré la santé et leur confie qu'il « assiste au naufrage de l'Église sans pouvoir la sauver par aucun moyen ».

Grégoire VII ne connaît pas plus de succès que les deux évêques qu'il avait envoyés avant lui en Allemagne. On l'accuse, tout pape qu'il est, d'être hérétique et d'enseigner des dogmes insensés en voulant, par la force, obliger des hommes à vivre comme des anges. En refusant à la nature le droit de suivre son cours normal, il favorise, disaient les opposants, la fornication et le dérèglement des mœurs. Si le pape ne veut pas d'hommes pour s'occuper des fidèles, qu'il recrute des anges.

La résistance de l'épiscopat français ne le céda en rien à celle de l'épiscopat allemand. L'opposition aux directives du Pape ne sera pas moins violente. Et, dans une lettre à son ami et confident Hugues de Cluny, Grégoire VII trace ces mots d'infinie tristesse: « Si [...] je porte mes regards vers l'occident, vers le midi ou vers le nord, c'est à peine si je trouve quelques évêques dont l'élection et la vie soient régulières. »

Grégoire VII ne capitulera pas. Il réunit un concile, du 22 au 28 février 1075. Les sanctions pleuvent contre les évêques rebelles à sa volonté: des Italiens et des Allemands; aucun Français... Pourtant, la situation n'est pas meilleure de ce côté. Certains sont suspendus; d'autres, déposés; parfois, c'est l'excommunication. Les pouvoirs civils aussi écopent. Le roi de France est menacé d'excommunication; l'excommunication de Robert Guiscard est renouvelée, et son neveu est excommunié pour la première fois: les deux hommes sont coupables d'avoir empiété sur le territoire pontifical. Des conseillers du roi de Germanie qui continuent de vendre les évêchés sont mandés à Rome pour s'expliquer.

Personne ne doute de la détermination de Grégoire VII, qui veut convaincre tout le monde — évêques, prêtres, rois et simples fidèles — que la primauté du pape n'est pas un vain mot. Tous ses efforts tendront à affermir l'autorité du pape et, du même coup, à affaiblir les pouvoirs locaux. Bref, Grégoire VII s'est battu pour un pouvoir central fort dans l'Église romaine. Par-dessus tout, lui est intolérable l'intervention des pouvoirs séculiers dans les nominations ecclésiastiques. Hélas! elle continuera de s'exercer!

Les historiens de l'Église dénoncent la simonie comme étant la cause principale du nicolaïsme, et la simonie comme étant elle-même une conséquence de la mainmise des empereurs, des rois, puis des seigneurs sur la nomination des évêques et des abbés. Au xe siècle et pendant la première moitié du xIe, l'influence des rois est telle que les papes n'osent même plus revendiquer leur droit à la désignation des évêques. Par exemple, le pape Jean X « reproche » à l'archevêque de Cologne d'avoir consacré un évêque alors que, suivant un vieil usage, seul le roi peut attribuer un évêché à un clerc. En général, les rois sont tellement pointilleux qu'il suffit de leur suggérer un nom pour que le candidat soit éliminé.

Mais pourquoi donc les rois tiennent-ils tant à désigner eux-mêmes les évêques? La raison en est fort simple: le régime féodal avait fait de l'évêché une seigneurie. Le poste drainait d'importants revenus dans les coffres du titulaire. Très rentable, donc très convoité. Il y avait ainsi beaucoup de candidats à la succession d'un évêque décédé, et il arriva que des évêchés soient vendus publiquement aux enchères. Quand le roi avait placé « son homme », il pouvait en obtenir ce qu'il désirait, à la seule condition de lui laisser suffisamment de revenus pour bien vivre. De plus, la seigneurie « épiscopale » comportait un immense avantage: d'ordinaire, l'évêque n'avait pas d'héritiers, contrairement aux autres seigneurs. À la mort d'un évêque, le roi redevenait donc propriétaire de la seigneurie du défunt et la vendait à un autre.

La valeur spirituelle des candidats n'entre pas en ligne de compte. Les trois conditions qui permettent de convoiter un évêché sont la fortune, la parenté et la servilité. Qui possède les trois attend en toute tranquillité la mort d'un évêque : à coup sûr, il aura son évêché ; même avec deux, il n'a pas à s'inquiéter beaucoup, car, parfois, une seule suffit.

Les conséquences sont faciles à imaginer. L'évêque qui a obtenu son siège pour les raisons que je viens d'indiquer et en vue des revenus qui y sont attachés se fout éperdument du salut des âmes et de la discipline de l'Église. L'un de ces évêques vantant un jour les avantages de sa fonction ajoutait un petit « mais »... « Mais il faut dire la messe. » Le cardinal Humbert, réformateur comme Pierre Damien, accuse ces mauvais pasteurs d'aimer occuper la première place dans les banquets, pontifier dans leur chaire épiscopale, recevoir au chœur les salutations des chanoines et s'entendre appeler : Mon Seigneur ! À son tour, cette race d'évêques vendra les dignités inférieures à la sienne. Et le cardinal Humbert de conclure : l'évêque simoniaque n'exige des candidats à la prêtrise aucune vertu sacerdotale ; tout ce qui compte pour lui, c'est le prix que l'aspirant est capable de payer. Les pauvres sont donc automatiquement écartés des charges. Les chrétiens, désolés, voient leurs évêques et plusieurs de leurs prêtres vivre dans le luxe et la débauche. Si vous vous étonnez d'apprendre que le Moyen Âge était anticlérical, vous avez là l'essentiel de la réponse.

Il ne faut pas croire qu'après la période que nous considérons — les xe et xie siècles —, les évêques, les prêtres et les moines devinrent les émules des anges du paradis. Au début du xiie siècle, en 1125 précisément, les moines de Saint-Gildas, en Bretagne, pensent qu'Abélard leur ferait un abbé compréhensif et ils l'élisent. Dans sa *Lettre à un ami*[10], il raconte son

10. *Héloïse et Abélard : Lettres*, Paris, 10-18, 1964, p. 75.

séjour dans cette abbaye. Il a trouvé là des moines débauchés, voleurs et, au besoin, assassins. Le seigneur du pays avait réduit l'abbaye à une extrême pauvreté; chaque moine devait puiser dans son propre patrimoine de quoi soutenir sa concubine, ses fils et ses filles. Pour ne pas être empoisonné, Abélard surveillait avec tant de soin sa nourriture et sa boisson qu'un moine imagina de mettre le poison dans le calice plutôt que dans la soupe... Les moines payaient même des tueurs pour le liquider sur la route ou dans les sentiers.

À la frontière des XIVe et XVe siècles, le chanoine Nicolas de Clamanges — un prêtre, ce chanoine, et docteur de l'Université de Paris — a écrit un *Traité de la ruine de l'Église*. L'idée lui vint en lisant ce passage de la première épître de saint Pierre: «Il est temps que le jugement commence à la maison de Dieu.» Nicolas examine donc la situation, et son esprit est frappé par les vices dont sont pourris les gens en autorité dans l'Église. Son livre débute par des remarques générales. Avant d'accepter une charge pastorale, on ne s'interroge, dit-il, que sur les revenus qu'elle rapportera: s'occuper des âmes, donner le bon exemple, dispenser le pain de la parole de Dieu, ce ne sont pas des soucis. C'est l'argent, non les bonnes mœurs et la science des choses divines, qui permet à une personne de gravir jusqu'au sommet les échelons de la hiérarchie: la papauté s'achète comme toutes les autres fonctions. Les fidèles sont au courant des vices de leurs pasteurs. Il s'ensuit qu'il n'y a rien, maintenant, de plus vil et méprisé que la prêtrise, constate notre chanoine.

Il décrit ensuite les vices de tout ce monde en descendant un à un les échelons, de la tête jusqu'au bout des pieds. La tête, c'est la papauté; le bout des pieds, ce sont les moniales — moniale est le féminin de moine. Comme j'ai déjà parlé de papes, de cardinaux, d'évêques, de prêtres et de moines, il ne reste, pour atteindre le bout des pieds, que les moniales.

Nicolas de Clamanges voit beaucoup de choses à dénoncer, mais la honte paralyse sa plume. Il va se restreindre. Parler des moniales, ce n'est pas tenir des propos sur des troupeaux de vierges consacrées à Dieu; c'est parler de putains et de lupanars, et de tous les vices qui se développent dans ces maisons. Que sont, de nos jours, les monastères de femmes? se demande Nicolas. La réponse est crue: « Tant s'en faut que ce soient des sanctuaires de Dieu; ce sont d'exécrables lupanars de Vénus. » La conclusion de ses propos sur les moniales est stupéfiante: « Envoyer de nos jours une jeune fille au monastère, c'est l'envoyer au bordel. » Quand Benoîte Groult parle de « dizaines de milliers de jeunes filles condamnées au couvent[11] », Nicolas de Clamanges rit de sa naïveté.

Comme saint Pierre Damien, quatre siècles plus tôt, Nicolas de Clamanges dévoile les crimes que commettent les gens d'Église afin d'amener les coupables à se corriger et les autres à leur venir en aide par tous les moyens dont ils disposent. Il est prudent de croire que, comme tous les réformateurs, il noircit un peu trop la situation, mais il faudrait en enlever tellement pour qu'elle soit blanche!

À l'époque du concile de Trente — XVIe siècle: la première session a débuté en 1545 —, la situation laissait encore beaucoup à désirer. C'est le moins qu'on puisse dire. En effet, une enquête effectuée lors d'une visite canonique en Bavière révéla que 95 % des prêtres vivaient en concubinage. On sait que Rabelais est mort en 1553 — tout juste après les deux premières sessions du concile de Trente (1545-1549, 1551-1552). Est bien connue son abbaye de Thélème avec, comme unique règle: « Fais ce que tu voudras. » Le *Petit Robert* dit que Rabelais « a imaginé » cette abbaye. D'après ce que nous savons maintenant, elle était beaucoup moins imaginée qu'on le

11. Benoîte Groult, *Ainsi soit-elle*, Paris, Bernard Grasset, Le Livre de Poche ; 4915, 1975, p. 121.

croyait auparavant, car, dans bien des monastères réels et non imaginés, c'était à peu près la règle.

Ce chapitre, tout comme le chapitre sur la papauté, ne manquera pas d'étonner un lecteur qui voyait le Moyen Âge à travers le jansénisme et le puritanisme qui ont suivi. Les « siècles de foi », comme certains disent — encore qu'il faudrait mesurer la pureté de cette foi —, n'ont pas été des siècles d'une morale très austère, surtout chez les membres de la hiérarchie. Si l'Église n'était pas divine, il y a longtemps que les pasteurs l'auraient détruite. Quand Grégoire VII écrivait à ses comtesses : « J'assiste au naufrage de l'Église sans pouvoir la sauver par aucun moyen », il oubliait la parole du Christ : « Les portes de l'enfer ne prévaudront pas. » Le Christ aurait pu ajouter : « Mais la barque va être rudement secouée. »

CHAPITRE 14

Le mariage et la noce

Le mariage est un événement qui marque la vie d'un village, voire d'une ville. Précédé des fréquentations et des fiançailles, il est suivi de la noce, c'est-à-dire des réjouissances consécutives à l'échange des « oui ». Le mariage proprement dit, c'est une chose; la noce en est une autre. Voici, en bref, comment les étapes s'enchaînent.

Pour se dénicher une épouse, les jeunes gens fréquentent les veillées et les fêtes, donnent des aubades — concert sous les fenêtres; certains utilisent un ami, qui glisse un bon mot; d'autres soupirants vont trouver le père et cherchent à se faire désirer comme gendre. Quand ces démarches sont couronnées de succès, les fréquentations commencent, surtout au domicile des parents, car la jeune fille ne vit pas en appartement.

Si le prétendant n'est pas originaire du village de l'élue, la situation devient facilement tendue, car les jeunes gens n'aiment pas que les étrangers viennent leur dérober une épouse éventuelle. Il s'ensuit souvent des querelles et parfois des morts, car on porte toujours sur soi le petit couteau à tailler le pain, qui, par accident, taille aussi la chair. Le ravisseur est contraint, d'ordinaire, d'acquitter un double droit aux jeunes gens du village: un premier en argent, un second en vin. Pour repousser un intrus, les méchantes langues recourent parfois à la calomnie ou à la médisance: faire courir le bruit que le prétendant est «escouillez», par exemple.

Les fiançailles sont une promesse solennelle de mariage entre futurs époux. Le vin y est étroitement lié. Dans certaines régions, les amis viennent boire «le vin des fiançailles». Le fait de boire un verre de vin avec une fille peut même être considéré comme une promesse de mariage. Par exemple, le père dira à l'aspirant de verser du vin dans un verre et de le présenter à sa blonde pour lui signifier qu'il désire l'épouser.

Le jour du mariage, le fiancé va chercher sa fiancée, qui l'attend dans la maison de ses parents. Parfois, les jeunes gens empêchent cette dernière de sortir de la maison, mais sans recourir à la moindre violence: ils lui barrent symboliquement le passage avec un ruban. Le ruban tombe si elle leur donne quelque chose; d'ordinaire, c'est du vin. D'où l'expression «vin du mariage». Parfois, le cortège doit se rendre dans une localité voisine où habite la fiancée. La coutume veut que la fiancée paie un tribut aux gens qui barrent la route au cortège. On vide quelques cruches, mais on finit par arriver à l'église.

Le rituel généralement observé exige que le mariage soit célébré à jeun, avant midi et en public. Avant d'y procéder, on examine avec soin la généalogie de «l'épousée et de l'épousé», comme ils disaient, selon une formule qui revient à l'honneur. Puis les futurs époux «se» marient. Le prêtre est présent comme témoin de l'Église; il bénira leur union et célébrera la messe à leurs intentions. Pour se marier, les futurs époux peuvent dire, simplement: «Je te prends à époux; je te prends à épouse.» Ou bien, en échangeant les anneaux, symbole d'un amour qui ne doit pas avoir d'autre terme que celui de la vie: «De cet anneau je vous épouse et de mon corps je vous honore.» Pendant la bénédiction, les témoins désignés du mariage tendent un voile au-dessus de la tête des conjoints.

Ce rituel permet d'éviter davantage les mariages clandestins, les mariages contractés sous la violence ou par la tromperie. Régine Pernoud rapporte que deux jeunes, à qui leur curé interdisait le mariage, se présentèrent chez lui et se marièrent avant qu'il ait eu le temps de réaliser ce qui se passait. Le lien du mariage ne devait être brisé que par la mort. François Villon le dit de belle façon dans sa Ballade pour Robert d'Estouteville : « Dame serez de mon cœur, sans débat, entièrement, jusque mort me consume. »

La cérémonie religieuse terminée, les invités se rendent à l'endroit choisi pour le banquet, les danses, les jeux. Bref, pour la noce. On y mange beaucoup, on boit davantage — du vin, le plus souvent, mais aussi de la cervoise (bière). Les gens du Moyen Âge adoraient ce passage de la Bible : « Quelle est la vie de l'homme qui manque de vin? Le vin a été créé à l'origine pour la joie. » Ils glissaient sur la phrase qui précède : « Le vin est comme la vie pour l'homme, si tu le bois modérément[1]. » Le grand divertissement d'une noce, c'est la danse. On danse partout, au son des instruments : dans la cour, dans la rue, dans la grange où s'est tenu le banquet.

Le soir venu — le mariage a eu lieu avant midi —, le père de la mariée renvoie les invités ; les réjouissances reprendront d'ordinaire le lendemain et occuperont parfois toute la semaine. Les femmes conduisent alors la jeune épouse à la chambre nuptiale ; le curé a déjà béni le lit. Les rites de cette bénédiction varient d'une région à une autre. Parfois, les époux se tiennent assis ou couchés pendant les prières de la bénédiction ; on les asperge d'eau bénite et on les encense. Il arrive que la cérémonie soit perturbée par des gens qui vien-

1. *Ecclésiastique*, 31,32-35.

nent réclamer le « droit d'oreillers ». Les époux sont priés de verser une somme d'argent ou d'offrir du vin, sinon on leur barrera l'accès au lit conjugal. D'autres appellent ce vin le « vin du coucher ».

La cérémonie de la bénédiction du lit comprend des prières pour conjurer les mauvais sorts. Le plus à craindre dans l'immédiat rend le mari impuissant et l'empêche de « connaître » son épouse le soir de son mariage. Ce sort porte un bien joli nom : nouement de l'aiguillette ! Pour nouer l'aiguillette de l'époux le plus ardent, il suffisait, paraît-il, de faire un nœud à une corde, à un ruban ou à un cheveu, pendant la cérémonie religieuse, en récitant à rebours un verset du psaume *Miserere mei, Deus*. Pour dénouer l'aiguillette, le mari penaud avait le choix entre uriner dans l'anneau de mariage de sa femme ou à travers le trou de la serrure de l'église où il s'était marié — en utilisant, au besoin, un tabouret... Les plus prévoyants pouvaient esquiver ce coup bas en mettant du sel dans leur poche, ou par d'autres trucs du genre.

Le déshabillage de l'épousée, par les femmes qui l'ont accompagnée dans la chambre, constitue l'une des étapes de la nuit de noce. La mère profite de cette ultime occasion pour donner, si besoin est, un complément d'éducation sexuelle à sa fille. Le mari, règle générale, n'en est pas à ses premières armes. Au XIIe siècle, un jeune homme qui fait sa « jeunesse » se permet des performances sexuelles dont il aime bien se vanter. Une croyance populaire incitait presque les jeunes gens à ne pas se présenter sans expérience dans la chambre nuptiale. Cette croyance se trouve au chapitre 12 de l'*Évangile des quenouilles* : « Quand un jeune homme puceau épouse une jeune fille pucelle, le premier enfant qu'ils ont est d'ordinaire fou. » On aimait bien conjurer ce risque.

La première nuit d'une jeune fille de quinze ans qui a épousé un jeune homme est décrite dans *Les Cent Nouvelles*

nouvelles, un ouvrage croustillant[2]. La mère, les cousines, des voisines et d'autres femmes conduisent la mariée à sa chambre. On la déshabille, la mère lui rappelle comment se comporter avec son mari, puis on quitte la place. Le mari, qui trépigne derrière la porte, vêtu seulement de son pourpoint — vêtement qui couvre le torse et descend jusqu'au-dessous de la ceinture — est invité à entrer. Il n'entre pas : il fonce, jette son pourpoint, saute sur le lit la lance au poing et propose la bataille. À l'approche de la barrière où l'escarmouche doit avoir lieu, la mariée empoigne cette lance, droite et raide comme un cornet de vacher ; elle en constate la consistance et l'impressionnante grosseur, puis s'écrie que son écu n'est pas assez puissant pour recevoir ni soutenir les horions d'un si gros fût. Et il ne se passe rien de la nuit, ni pendant les quinze nuits suivantes.

La mère vient alors prendre des nouvelles de son « écolière ». Pressée de questions, cette dernière avoue que l'on n'a encore « rien besogné en son ouvroir ». La mère décide qu'il faut la « desmarier », et le couple est amené devant un « Mon Seigneur » habilité à entendre ce genre de causes. La jeune femme avoue qu'elle a refusé les avances de son mari, puis elle en donne la raison : elle a trouvé la lance de son champion si grosse qu'elle n'a pas osé lui présenter son écu de peur qu'il ne la tuât.

Mon Seigneur le juge prononce sa sentence. Il fait préparer un lit dans sa maison et ordonne aux époux d'aller y coucher ensemble, enjoignant à la mariée d'empoigner le bourdon et de le placer à l'endroit qui lui est par Dieu destiné. La mère remercie le nouveau Salomon et prie sa fille de faire ce qui a été ordonné ; de mettre la lance au lieu où elle doit être. Fort

2. *Les Cent Nouvelles nouvelles*, Paris, Adolphe Delahays, 1858, LXXXVI.

contente, la fille « mettra la lance où il faut et ne la dégainera pas même si elle risque d'y pourrir... »

D'ordinaire, les choses se passent plus simplement. Le moment venu de consommer le mariage, les témoins se tiennent tout près, car il s'agit d'un acte presque public. Quant aux célibataires, ils attendent derrière la porte ou sous la fenêtre pour entendre le « contenement » des époux à ce moment privilégié. Leur « contenement », c'est leur conduite, leur comportement. Au travers d'une porte, on peut savoir si un couple passe l'aspirateur, fait la vaisselle ou, comme dit Clément Marot, « donne l'assaut sur la minuit de la nuit tant désirée[3] ».

Cet usage bien gaulois est attesté par des documents. L'un d'eux rapporte qu'un jeune homme s'était rendu près de la maison de jeunes époux pour écouter « le contenement de lui et de sa femme » dans le but d'avoir du vin. Au lieu de vin, le pauvre reçut un seau d'eau chaude à la figure. On dit que cette coutume se pratiqua pendant plusieurs siècles et que de graves personnages tendaient l'oreille à la porte des nouveaux époux pour entendre ce qui se passait de l'autre côté. *Les Cent Nouvelles nouvelles* rapportent — XIXe nouvelle — la stupéfaction de tels curieux qui, une nuit, entendaient des cris et des lamentations à fendre l'âme. Ils furent soulagés quand le nouveau-né se mit à pleurer. Dans l'attente d'un dépucelage, ils avaient été tout oreilles à un accouchement.

Une fois le roucoulement terminé, les garçons de la noce entrent dans la chambre nuptiale avec un breuvage réconfortant, à base de vin fortement épicé, appelé « chaudeau ». Puis la troupe s'assoit et l'on mange et boit « au marié et à la mariée ». Cette coutume était encore observée au XIXe siècle.

---

3. Clément MAROT, *Œuvres poétiques*, Classiques Garnier, Paris, Bordas, Tome I, 1990, p. 351.

À l'occasion de leur mariage, les nouveaux époux étaient harcelés par nombre de gens qui réclamaient un quelconque « droit ». Un droit, c'est-à-dire une chose que l'on demandait à l'époux de leur donner, sinon on l'importunerait gentiment. Il s'agissait toujours d'argent, de nourriture ou de vin. Ces « droits » portaient toutes sortes de noms. Nous en avons déjà rencontré quelques-uns, mais il y en avait bien d'autres : droit de ban, droit de cochet, droit de culage, droit de cuissage, droit de jambage, etc. En acquittant le droit qu'on exigeait de lui, un époux recouvrait la liberté de franchir l'étape suivante de son mariage.

Le plus célèbre de tous ces droits, celui qui a provoqué des polémiques et fait beaucoup rigoler, est, sans conteste, le droit de cuissage, noblement appelé *droit du seigneur*. Les contempteurs du Moyen Âge ont prétendu qu'aux meilleurs jours de la féodalité — XIIe et XIIIe siècles —, le seigneur avait le droit de coucher, le soir de leur mariage, avec les filles de son domaine.

Comme le seigneur jouissait d'un nombre considérable de droits, on peut s'étonner que l'un d'eux se soit appelé le *droit du seigneur*. Si tel fut bien le cas, il s'agissait là d'une manière de parler de tout le monde, mais dont le nom savant, antonomase, est peu connu. On se permet une antonomase quand on parle d'un drame passionnel. Tout le monde comprend que le drame a été inspiré par l'amour, même s'il existe d'autres passions : colère, tristesse, désespoir, etc. La passion, c'est l'amour, comme Rome était la Ville et Aristote, le Philosophe. Par antonomase, le droit de cuissage serait devenu le droit du seigneur. Mais ce droit a-t-il vraiment existé ? Il est permis d'en douter.

Ce qui est devenu le droit de cuissage ou de culage, traduction du latin *culagium*, c'est le *maritagium*, qui évoque le mariage et non le... Le *maritagium* consistait en redevances versées aux seigneurs par les nouveaux époux ou à d'autres supérieurs dont les époux dépendaient. Certains auteurs ont fait à tort de cette redevance le prix du rachat d'un prétendu droit du seigneur à la première nuit. Ce droit s'est ensuite étendu à d'autres qui le revendiquaient du nouvel époux. Les jeunes gens non mariés de la paroisse de l'épouse revendiquaient le droit de culage. Le revendiquaient aussi les membres de la corporation du métier de l'époux. Quand un évêque ou un abbé réclamaient le *maritagium* et que les gens traduisaient par culage ou cuissage — au sens que l'on imagine —, il y avait matière à gorges chaudes, mais à tort.

Bref, le droit du seigneur, entendu comme la liberté de coucher avec les nouvelles mariées, n'a jamais été l'objet d'une loi ou d'une coutume. On le rencontre parfois dans des textes, mais alors il ne peut être qu'une menace pour extorquer des redevances onéreuses[4]. Le prétendu droit du seigneur n'aurait été qu'une sorte de chantage, comme quand un jeune menace sa blonde: « Je te quitte si tu ne couches pas avec moi. »

Le droit de culage, ce n'était donc pas le droit de coucher avec la mariée, comme beaucoup l'ont dit et le pensent encore. Ce droit appartenait aux époux, mais, pour avoir la liberté de l'exercer, l'époux devait verser, à certaines personnes, une somme d'argent, leur donner de la nourriture ou leur servir à boire. Une fois ce droit acquitté, les époux avaient la liberté d'aller de l'avant gaîment.

Les veufs et les veuves qui contractaient un second ou un troisième mariage avaient droit à un concert d'une nature tout à fait particulière qui avait nom charivari. Ce sont d'ordinaire les jeunes célibataires qui donnent ce genre de concert. Au soleil couchant, ils se présentent chez le fiancé ou la fiancée

---

4. Anatole de Barthélemy, *Revue des questions historiques*, «Droits des seigneurs», tome I, 1866, p. 95-123.

avec tous les instruments susceptibles de faire du vacarme : poêles, chaudrons, cloches, crécelles, sifflets, tonneaux en guise de tambours. Les participants sont déguisés d'excentrique façon : vêtements à l'envers, frocs de moine, masques, voiles, vêtements de femmes. Certains titubent comme des gens ivres. Mais, selon le code de « déontologie » à observer, on ne doit ni molester les personnes ni endommager la propriété. Parfois, on s'en doute bien, le charivari se terminait par une bagarre.

Un jour, une riche veuve de plus de quatre-vingts ans décide de convoler une cinquième fois avec un homme de moins de quarante ans. Sachant fort bien qu'on lui fera un quatrième charivari, elle se rend à l'église sur la pointe des pieds, si l'on peut décrire ainsi la discrétion dont elle veut entourer la cérémonie. Mais, comme au temps d'Abélard, il n'est pas facile de garder secret un mariage. Une jalouse, sans doute, ébruite la nouvelle pour punir cette insatiable consommatrice de maris. Les jeunes organisent le charivari du siècle. Chaque soir, au coucher du soleil, ils se rendront chez elle pour le concert de casseroles, de tonneaux et de crécelles, jusqu'à ce qu'elle ait décidé de payer. Comme elle s'obstine, on apporte des charognes devant sa porte. Les époux déposent une plainte, l'affaire est jugée et l'octogénaire est condamnée à payer. Au Moyen Âge, la coutume a force de loi. Le charivari est une coutume, donc...

La raison de cette mascarade? Évidemment, c'était une protestation, une désapprobation. Le remariage était mal vu : se remarier, c'était choisir une deuxième fois et, par le fait même, enlever un choix aux jeunes gens qui se cherchaient soit une épouse, soit un époux. À table, une personne polie ne se sert pas une deuxième fois tant que tout le monde ne s'est pas servi une première fois. La charivari était encore plus justifié quand un veuf âgé épousait une pucelle, ou bien une veuve âgée, un puceau. Parfois, on essayait de négocier un arrangement. Moyennant de l'argent ou du vin, on se retirerait sans faire le moindre bruit.

Si vous croyez que toutes ces réjouissances évoquent une pénurie d'autres occasions de fêter, vous vous trompez grandement. Les gens du Moyen Âge adoraient les fêtes et ils aimaient fêter plus que nous, sans doute, comme nous verrons à l'instant.

CHAPITRE 15

Le sens de la fête

Les gens du Moyen Âge aimaient les fêtes comme on n'en a pas idée. Aussi tout était-il pour eux prétexte à fêter, c'est-à-dire à danser, à chanter, à jouer, à manger, à boire, à conter des histoires, à poser des devinettes. On boit beaucoup et, assez souvent, la fête se termine par des batailles avec blessures corporelles et parfois mort d'homme. Comme les Médiévaux alliaient facilement les pratiques religieuses aux plaisirs de la vie, la journée qui débutait à l'église pouvait se terminer dans un lit pas forcément conjugal.

Même si l'année commençait alors à Pâques, nous serons moins déroutés en parlant d'abord des fêtes qui constituent pour nous « le temps des fêtes », c'est-à-dire de Noël aux Rois — du 25 décembre au 6 janvier. Pour eux, c'étaient douze jours de fête sans interruption. Il n'est évidemment pas question de parler de chacune des fêtes qui jalonnaient l'année tout entière : un gros livre n'y suffirait pas. Je m'en tiendrai aux principales. Tout d'abord, Noël.

Les célébrations commencent la veille. On rapporte qu'un homme poursuivi par la justice s'était réfugié dans une église — c'était un lieu où la justice ne pouvait l'appréhender, un asile. Invité par un prêtre à venir souper « en l'honneur de la bonne nuit », le malheureux quitte imprudemment son asile : la justice lui tombe dessus pendant le réveillon.

À Noël, on décore la maison, on lave son linge, on se met sur son trente-six, on tue un porc, on danse, on joue, on chante. Les jeunes surtout se promènent de taverne en taverne pour manger, boire, jouer à ce qu'il est convenu d'appeler « les jeux de Noël » et se livrer à bien des excès. Ces « jeux de Noël » ne comprennent pas que des jeux de hasard, comme les dés, mais aussi des jeux d'adresse, comme le tir à l'arc et la soule, un jeu de ballon, ancêtre du football, un jeu très violent, qui fait parfois des victimes. Quand deux paroisses ou deux villes se rencontraient à la soule, c'était autre chose que l'ancienne rivalité entre Québec et Montréal au hockey. Les prédicateurs s'emportent contre les excès qui se commettent en ces jours de fêtes religieuses. Tel prédicateur s'exclame : « Ô jour, pourquoi as-tu été fait ? Est-ce pour être employé à chanter la Marion ? »

Les gens du Moyen Âge assistaient aux trois messes célébrées à Noël en l'honneur de la triple naissance du Seigneur : naissance temporelle de la Vierge Marie, naissance éternelle dans le sein du Père, naissance spirituelle dans les âmes ; messe de la nuit, messe de l'aurore et messe du jour. En attendant la messe de l'aurore, certains s'occupaient à boire autour d'un feu. Le clou de cette fête, c'était le souper de Noël. On s'y préparait longtemps à l'avance, et le porc payait de sa vie une partie des plaisirs de la table.

Le jour de la fête des saints Innocents, le 28 décembre, selon certains, le 1er janvier ou vers cette date, selon d'autres, on célèbre la fête des fous. Les gens les plus sérieux — prêtres, même pieux, et bourgeois sévères — « lâchent leur fou ». On porte des masques paillards, on chante des refrains licencieux et on se livre à de véritables bacchanales. Des clercs ayant reçu les ordres mineurs endossent les habits liturgiques de leurs supérieurs et parodient les cérémonies. On élit un pape, un évêque ou un prince des fous. On fait entrer dans l'église un âne portant chape et bonnet carré. L'officiant parodie la messe et prononce une homélie de circonstance. On joue des pièces de théâtre sur des chariots que l'on déplace dans la ville. Rien n'est à l'abri du ridicule pendant la fête des fous. Condamnée au concile de Bâle, en 1431, la fête des fous ne commença à disparaître qu'à partir du XVIe siècle.

Le Ier janvier est une fête très populaire, même s'il ne marque pas le début de l'année à cette époque-là: il n'est pas encore le jour de l'An. La principale coutume du Ier janvier, c'est la quête de « l'aguilaneuf ». On rencontre ce mot orthographié de multiples façons. Sous « aguilaneuf », vous avez reconnu notre guignolée, qu'on appelait aussi gnignolée, ignolée ou lignolée. La quête pouvait se faire le soir qui précède le Ier janvier. Les jeunes gens se groupent, se costument de façon bizarre et parcourent les rues des villes. Ils font d'ordinaire une abondante cueillette: argent, pain, viande, fruits, gâteaux. De quoi s'offrir un festin pantagruélique.

Les guignoleux disposaient d'une belle variété de chansons. Par exemple: « Si vous n'voulez pas nous donner, Ne nous faites pas attendre, Car nous avons les pieds mouillés, Et la goutte à la jambe. » Une autre, après de multiples « Yanleu », y allait de ces deux vers: « Nous n'demandons ni bœufs ni vaches, Ni votre fille en mariage. » Cette coutume se poursuit toujours, mais nos guignoleux ramassent pour les pauvres, tandis que ceux du Moyen Âge ramassaient pour eux-mêmes. C'est peut-être la raison pour laquelle ils se montraient parfois menaçants: « Si vous voulez rien nous donner, nous prendrons la fille aînée, nous y ferons chauffer les pieds ! »

La fête des Rois, disparue récemment de chez nous, est très en faveur. On la désigne de bien des façons, dont *Epiphania*, qui a été le choix des siècles suivants. La coutume particulière de cette fête consiste dans le tirage au sort d'un roi de la fève, pendant le banquet donné la veille, le jour même ou le dimanche suivant. On le faisait « avec grande joie pour l'honneur de ladite nuit. » La fête se poursuivait tard dans la nuit.

Après la fête des Rois (Épiphanie) commence le carnaval, qui s'étend jusqu'au mercredi des Cendres, premier jour du Carême. On appelait carême-prenant les trois jours qui précèdent le Carême, le dernier des trois étant le Mardi gras. Si l'on croit Olivier Maillard, prédicateur célèbre, il s'en passait de belles pendant le carême-prenant. Écoutons-le : « Ces misérables chrétiens, hébétés d'esprit et de corps qui, pendant trois jours, se gorgent de nourriture, se vautrent dans la débauche, l'ivresse et autres bestialités, ne croiraient pas faire régulièrement le jeûne du Carême s'ils ne s'étaient empiffrés jusqu'à la minuit du Mardi gras. » Le Mardi gras, dernier jour du carnaval, on fête saint Pansard, le patron des gros ventres. Les chanoines étaient alors bien réputés de ce point de vue, puisqu'ils ont contribué à enrichir le langage de l'expression *avoir une panse de chanoine*. Ce jour est l'occasion de farces d'un goût douteux.

La grande attraction des jours gras, c'est-à-dire tous les dimanches, jours où l'Église catholique permet à ses fidèles de consommer de la viande pendant le Carême, c'est la soule, dont j'ai déjà parlé. Les combats de coqs sont une autre attraction des jeunes pendant les jours gras. Le propriétaire du coq champion est proclamé roi, c'est-à-dire chef de la troupe des écoliers, qui passent alors par les maisons pour recueillir de la nourriture ou de l'argent.

Le premier dimanche du carême, c'est le dimanche des brandons. On allume des feux ou bien on se promène avec des torches enflammées. Les feux constituaient un divertissement qui ne laissait pas les jeunes moines indifférents, même le premier dimanche du carême : ils venaient, eux aussi, participer aux réjouissances. On danse autour des feux, on mange, on boit, on joue. Quand les feux sont « appetissés », les jeunes s'amusent à sauter par-dessus. Un soir, tard dans la nuit, quelques-uns se « dépouillèrent tout nus » pour sentir la bonne chaleur du feu sur leurs « génitoires », mais de méchants farceurs s'amusèrent à attiser le feu.

La semaine sainte, comme nous disons toujours, commence par le dimanche des Rameaux, qu'on appelle aussi Pâques fleuries. C'est un jour de grandes réjouissances. Les gens du Moyen Âge, très indulgents le reste de l'année pour les péchés de la chair, ne les tolèrent pas le jour des fêtes carillonées — fêtes solennelles, annoncées par des carillons. Le curé de Saint-Pardou-le-Vieil, Durant de la Vésine, se le fit rappeler d'inoubliable façon. Après s'être acquitté du service divin, il est surpris par des paroissiens qui l'ont trouvé « couchié nu à nu avec une de ses paroissiennes ». L'entreprenant curé s'était vanté d'avoir couché avec toutes sauf quatre. Cette fois fut de trop.

Pendant la semaine sainte, le hareng jouait un rôle important. Par exemple, le mercredi saint, à Reims, les chanoines, alignés deux par deux, traînaient, avec un sérieux papal, un hareng attaché à une ficelle. Pourquoi ? Nous l'ignorons. Le jeudi saint ou « jeudi absolu », c'est-à-dire de l'absoute, parce que, ce jour-là, le clergé donnait au peuple une absolution publique, comportait ses coutumes particulières. Par exemple, à la cour de France, le roi et la reine trouvaient plus utile de servir des pauvres que de leur laver les pieds. Enfin, le samedi, les cloches, muettes depuis le Gloria du jeudi saint, « reviennent de Rome », comme on disait pour expliquer leur silence. Les bonnes fourchettes avaient leur explication : les cloches étaient allées chercher les clefs du saloir...

Et l'on arrive à Pâques, une fête mobile, qui, depuis le IVe siècle, se célèbre le premier dimanche qui suit la pleine lune de l'équinoxe du printemps. Elle tombe donc toujours entre le

22 mars et le 25 avril. D'autres grandes fêtes mobiles sont fixées d'après la fête de Pâques. Pâques est la fête par excellence des catholiques. Comme dit saint Paul, « si le Christ n'est pas ressuscité, notre foi est vaine». Pâques est une fête de la gastronomie; on s'empiffre à qui mieux mieux, et les prédicateurs reprochent aux fidèles d'oublier trop facilement les pénitences qu'ils se sont imposées pendant le Carême et la semaine sainte. Robert de Sorbon, avec qui on a déjà fait connaissance, se rend à l'évidence: « Je sais qu'il vous faut en ce jour sermon court et table longue. » La particularité de Pâques, ce sont les œufs.

Le mois de mai, c'est le mois le plus beau; le mois des amoureux. Il inspire les poètes; les chansons d'amour se multiplient, et les incitations qu'elles contiennent exaspèrent les prédicateurs, qui connaissent les « dangers » d'« aller au bois le mai cueillir ». Le 1er mai, on plante le mai, c'est-à-dire l'arbre du mois de mai. Ce sont les jeunes gens qui s'en chargent. Après l'avoir planté, ils dansent autour, puis vont souper ensemble, et boire, bien entendu. Les célébrations commencent l'avant-veille ou la veille du 1er mai. Les jeunes gens vont cueillir des branches dans la forêt pour les placer devant les fenêtres des jeunes filles à marier. On parle de ce geste de bien des façons: cueillir le mai, poser des mais, « esmayer » les filles du village. Poser des mais, c'était, en l'occurrence, poser des branches et non des arbres. Les étrangers étaient fermement évincés.

L'essence de l'arbre est importante. « Esmayer » une jeune fille avec une branche de sureau, par exemple, c'est une insulte, car cet arbre est un symbole de vertu douteuse et de dégoût. Le coudrier constitue également une injure, à certains endroits. Parfois, l'essence est acceptable, mais on insulte la jeune fille en y attachant des objets dérisoires: coquilles d'œufs, ordures, inscriptions grotesques.

Puis, c'est la Pentecôte, une fête avant tout religieuse célébrée le septième dimanche après Pâques. Pour justifier son nom, qui signifie cinquantième, il faut inclure Pâques dans le calcul. Avant tout religieuse, cette fête, mais, au Moyen Âge, aucune fête n'est que religieuse. La Pentecôte ne fait pas exception : on danse, on boit, on mange. Et les célébrations débordent sur les jours qui suivent. Comme cette fête tombe en mai ou juin, la température est propice à des petits pèlerinages et à la farce qui suit. Le lendemain des grandes fêtes, beaucoup de gens faisaient la grasse matinée. Selon une coutume assez répandue, de gais lurons allaient « gaiger » ces paresseux pour ensuite se payer à boire. En plus de les « gaiger », on les traînait nus dans les rues et on les aspergeait d'eau froide. Des conciles et des synodes interdirent cette coutume « détestable », qui se pratiquait de Pâques à la Pentecôte.

La Saint-Jean, abréviation de la fête de saint Jean-Baptiste (24 juin), est une des plus joyeuses. Tout d'abord parce qu'elle tombe au solstice d'été, jour le plus long de l'année. Le nom de cette fête évoque deux choses : les feux et les herbes de la Saint-Jean. Comme le soleil brille alors de ses plus beaux feux, on en allume pour l'imiter ou le remercier. On danse, on chante au son des instruments de musique. De plus, on croyait que, ce jour-là, certaines herbes acquéraient des vertus particulières. On parlait des « herbes de la Saint-Jean », comme nous parlons de l'eau de Pâques. Par exemple, pour s'attirer l'amour de son mari, une femme met dans son soulier gauche une feuille de gaugier cueillie la nuit de la Saint-Jean.

L'été fournissait quelques bonnes occasions de fêter. Il y avait tout d'abord la cérémonie religieuse des Rogations — du latin *rogare*, demander. Les Rogations étaient des jours de prière pour demander de bonnes récoltes. Les récoltes donnaient ensuite lieu à toutes sortes de pratiques. Après la dernière récolte, on fait un festin. Après la construction d'une maison ou d'une grange nouvelles, on fête. On danse sur l'aire neuve pour la « planir ».

La Toussaint et le jour des Morts (1er et 2 novembre) sont fortement soulignés. Le jour de la Toussaint, on mange certains plats spécifiques, dont le marsouin. À plusieurs endroits, on sonne les cloches pendant toute la nuit. Parfois, le curé lui-même se joint à l'équipe qui tire sur la corde, pendant que le bedeau va quêter le « vin des morts » pour ceux qui passent la nuit à tirer sur la corde. Un glas funèbre met fin au concert, car, le lendemain, c'est le jour des Morts.

On pourrait parler des patrons et des patronnes des confréries et des églises. Le jour de leur fête, on organise des processions pendant lesquelles on porte la statue, la bannière ou les reliques du saint ou de la sainte. Comme toujours, ces fêtes sont l'occasion de feux de joie, de copieux repas, de beuveries, de danse. Voici, par ordre alphabétique, quelques-uns de ces saints patrons ou saintes patronnes.

Sainte Agathe est la patronne des nourrices et des bergères. Patronne des nourrices parce que, lors d'une première séance de torture, les bourreaux lui avaient coupé un sein, mais, quand elle revint pour une deuxième séance de torture, quelques jours plus tard, le sein était intact. Il y a un dîner et des pains de sainte Agathe. À certains endroits, les femmes amènent leurs maris à l'auberge et leur paient à boire.

La fête de saint André est une fête chômée pour les jeunes gens. La veille, les plus curieux peuvent savoir s'ils épouseront une veuve ou une fille. Il leur suffit de se rendre à une étable à cochons où logent une truie et ses cochonnets. Ils frappent doucement à la porte et prêtent l'oreille. Si c'est la truie qui grogne la première, la mariée sera une veuve ; si ce sont les cochonnets, la mariée sera une fille.

Saint Antoine de Padoue est un des saints les plus populaires. On l'invoquait encore tout récemment pour retrouver les objets perdus. On le représente avec un cochon à ses pieds, d'où le fait que certains le considéraient comme le patron du jambon et de la saucisse. À certains endroits, on dîne, soupe et dîne de nouveau le lendemain en son honneur. On va en pèlerinage aux sanctuaires qui lui sont consacrés pour obtenir toutes sortes de guérisons, comme en témoignent les ex-voto qu'on lui fait parvenir : un bras de cire, un pied, des seins. Bref, un thaumaturge généraliste, ce saint Antoine !

Sainte Catherine est la patronne des jeunes filles et de plusieurs corps de métier. Sa statue est ornée d'une roue en souvenir du supplice qu'elle a subi. Les jeunes filles, conformément à la coutume, habillent de la tête aux pieds la statue de leur patronne. Le privilège de la coiffer revient à celles qui ont plus de vingt-cinq ans. D'où l'expression « coiffer sainte Catherine », qui signifie atteindre vingt-cinq ans sans s'être mariée.

Les orfèvres choisirent tout naturellement pour patron saint Éloi, qui avait pratiqué leur art avant de devenir évêque, mais l'influence de ce saint était beaucoup plus large. On lui fait des pèlerinages, qui sont l'occasion de grandes réjouissances : danse, musique, boustifaille, vin, jeux. Pouur mieux voir le spectacle que donnent les danseurs, on allume des chandelles. D'où la « fête de la chandelle saint Éloi ». On le considère également comme le protecteur des chevaux, et l'on a une cérémonie de la bénédiction des chevaux. Parfois, on conduit les bonnes bêtes à la messe de saint Éloi. Les charretiers et les laboureurs l'invoquent aussi comme leur protecteur. Autant d'occasions de fêter.

Saint Martin, évêque de Tours, s'est immortalisé par le geste qu'il posa, encore jeune militaire, en faveur d'un pauvre à qui il donna la moitié de son large manteau — l'ayant coupé en deux avec son épée. Son culte est célébré dans toute la France : plus de 3500 paroisses sont placées sous son patronage. Ce sont autant de copieux repas que l'on partage et de bonnes bouteilles que l'on décoiffe en son honneur.

Saint Michel est, sans contredit, une étoile de première grandeur dans la constellation des saints protecteurs. De nombreux corps de métiers font appel, contre leurs ennemis, à sa lance qui a précipité Lucifer dans les flammes éternelles, et la célèbre abbaye du Mont-Saint-Michel (XIIe siècle) attire d'innombrables pèlerins.

Et l'on arrive au plus beau fleuron de cette couronne, saint Nicolas, patron des écoliers ; il est le Père Noël des pays nordiques (Santa Claus). Selon la légende, nourrisson, il aurait refusé le sein le vendredi — ses dévots n'en firent pas autant ; selon la légende encore, il aurait ressuscité trois petits enfants égorgés par un aubergiste et mis au saloir. On le fêtait deux fois par année : une fois en été, une fois en hiver. Les étudiants fêtaient de façon tellement bruyante que certains conciles et synodes décidèrent d'interdire ces fêtes, mais sans beaucoup de succès.

Pour terminer, saint Valentin, le patron des amoureux, dont on évoque toujours le nom le 14 février. Ce jour-là, les galants, s'ils sont nés poètes, font des vers pour manifester à leur bien-aimée la flamme de leur amour. À certains endroits, on allume des grands feux de joie et l'on danse autour. Les couples, appelés à haute voix, font plusieurs fois le tour du feu en dansant ; au moment de se séparer, la valentine embrasse son valentin. Celui-ci est obligé de se « racheter » pendant la semaine en offrant un cadeau. Le dimanche de la Mi-Carême, les valentines qui n'ont pas été rachetées se réunissent, le soir ; chacune porte une petite botte de paille qui représente son valentin ingrat. Elles en font un tas et y mettent le feu.

Si vous faites le total de toutes les fêtes chômées du Moyen Âge, vous arrivez au nombre impressionnant de 80 ou 90, comme j'ai dit plus haut. Ajouté aux 52 dimanches de l'année, cela donne environ 140 jours chômés pendant l'année. On peut affirmer, sans crainte d'erreur, que les gens du Moyen Âge avaient le sens de la fête. Ils aimaient mieux chanter la Marion que le *Dies iræ*...

CHAPITRE 16

Thomas d'Aquin : le plaisir et la femme !

Comme j'ai écrit un livre entier sur Thomas d'Aquin, je serai bref dans ma présentation de ce personnage célèbre. Je renvoie à *L'autre Thomas d'Aquin* le lecteur qui voudra en savoir davantage. Thomas d'Aquin est un savant dominicain italien, né au château de son père, un chevalier au service de l'empereur Frédéric II. Il est décédé le 7 mars 1274, laissant une œuvre de 20 000 pages, écrite en vingt ans d'enseignement. L'Église catholique en a fait son docteur commun.

Une théologienne grincheuse, Uta Ranke-Heinemann, le présente comme un ennemi de la femme et du plaisir, dans son best-seller, *Des eunuques pour le royaume des cieux*. Je ne m'attendais pas qu'elle ait lu les 20 000 pages de l'œuvre de Thomas d'Aquin, mais au moins, dans le texte latin, les passages qu'elle cite. Ce n'est pas le cas : il est évident qu'elle boit dans une coupe empruntée, celle de ses assistants de recherche, peut-être. Je montrerai d'abord que Thomas d'Aquin a élaboré une philosophie du plaisir que nous aurions eu avantage à connaître ; je montrerai ensuite que les accusations de misogynie qu'on porte contre lui ne résistent pas à l'analyse.

La première chose qui nous étonne de sa philosophie du plaisir, c'est sa façon de distinguer plaisir (*delectatio* en latin) et joie (*gaudium*). Si vous demandez à une personne de dresser une liste de plaisirs et une liste de joies, vous verrez qu'elle rattachera les plaisirs au corps et les joies à l'esprit. J'ai quand même été surpris de constater que le mot *plaisir* n'apparaît pas dans l'index thématique du récent *Catéchisme de l'Église catholique*. Par contre, au mot *joie*, on donne 37 références. Chaque fois, la joie comporte une connotation religieuse.

Chez Thomas d'Aquin, il n'en est pas ainsi. La joie est une espèce de plaisir comme le marteau est une espèce d'outil. Il s'ensuit que toute joie est un plaisir, mais que tout plaisir n'est pas une joie ; de même, tout marteau est un outil, mais tout outil n'est pas un marteau. La joie, chez Thomas d'Aquin, est un plaisir conforme à la raison, quelle que soit la matière d'où le plaisir est tiré : boissons, aliments, sexe, musique, lecture. Tout plaisir humain devient une joie s'il porte le sceau de la raison. C'est pourquoi le plaisir de l'inceste, du viol, du sadisme ou de l'ivrognerie ne s'élève pas au niveau de la joie. Dépourvue de raison, la bête est incapable de transformer ses plaisirs en joies. On parle de filles de joie, mais toutes les biches sont de plaisir.

Après avoir longuement parlé du plaisir — sa nature, ses causes, ses effets[1] —, Thomas d'Aquin l'aborde du point de vue moral. Selon la méthode en vigueur alors dans les universités, qui consiste à tout mettre en questions, il se demande : « Tout plaisir est-il mauvais[2] ? » Il commence par rappeler que certains philosophes anciens — avant Jésus Christ — ont soutenu que tout plaisir était mauvais. Mais, comme « un être humain ne saurait vivre sans plaisir corporel et sensible », ces rigoristes ne conformaient pas leur vie à leur enseignement. La réponse que Thomas d'Aquin donne ensuite à sa question est simple : il y a des plaisirs conformes au bon sens, à la raison ;

1. *Somme théologique*, I-II, q. XXXI, XXXII, XXXIII.
2. *Somme théologique*, II-II, q. XXXIV, art. 1.

il y en a qui sont contraires à la raison, au bon sens. Les premiers sont bons; les seconds sont mauvais, car, en morale, c'est la raison ou la conscience qui fait le partage entre ce qui convient et ce qui ne convient pas, entre le bon et le mauvais[3]. Tout le monde condamne comme inacceptable le plaisir du père incestueux, le plaisir du violeur, le plaisir du conducteur qui boit avant de prendre le volant.

Il vous revient peut-être quelque souvenir de la vertu de tempérance, que nous appelons maintenant modération. Nous savons qu'elle porte sur le plaisir sensible, mais la plupart des catholiques en ont une fausse idée. Ils pensent que la tempérance modère le plaisir, qu'elle incite à couper dans les plaisirs de la vie, qu'elle incite à éviter les plaisirs trop grands. Tel est l'enseignement erroné qu'ils ont reçu. Thomas d'Aquin leur aurait enseigné que la tempérance n'a pas pour fonction de diminuer les plaisirs de la vie, mais de contrôler l'*inclination* au plaisir, ce qui est fort différent. Ce n'est pas la quantité ou l'intensité du plaisir qui est en jeu dans la tempérance, mais l'inclination au plaisir. Or on contrôle son inclination au plaisir de manger, par exemple, quand on est capable de suivre le régime alimentaire déterminé par la diététique; on contrôle son inclination au plaisir de boire quand on est capable de s'abstenir du verre de trop. Quand le plaisir est conforme à la raison, il est normal qu'il soit aussi intense que le permet l'art en cause: art culinaire, art érotique, par exemple.

À propos de cette inclination au plaisir que contrôle la tempérance, Thomas d'Aquin fait remarquer que cette vertu modère ou freine l'inclination aux plaisirs quand cette inclination est excessive — elle ne l'est pas toujours; parfois, elle est normale, et la tempérance n'a pas besoin de la freiner;

3. Ce n'est pas le lieu de revenir sur des distinctions que j'ai faites maintes fois ailleurs entre le point de vue objectif et le point de vue subjectif.

parfois même, elle est trop faible, et la tempérance doit la stimuler. C'est pourquoi il fait de l'insensibilité un vice opposé, par défaut, au juste milieu de la tempérance[4]. L'insensibilité, c'est l'état d'une personne chez qui les plaisirs naturels ne jouent pas leur rôle. La nature a attaché les plaisirs les plus grands aux actes fondamentaux de la vie humaine pour en assurer l'accomplissement : conservation de l'individu, propagation de l'espèce. Chez certaines personnes, le plaisir de manger est inefficace : elles sont anorexiques ; chez d'autres, c'est le plaisir de l'union charnelle.

Thomas d'Aquin s'attarde sur le rôle bienfaisant, sur le rôle essentiel du plaisir dans la vie humaine. Tout d'abord, il considère le plaisir (intellectuel ou sensible) comme un précieux stimulant. Ce que nous faisons avec plaisir, nous y apportons plus de soin, plus d'attention, plus d'ardeur, plus de persévérance aussi. Méfiez-vous des gens qui ne trouvent pas de plaisir à ce qu'ils font. Et le plaisir vient avec la compétence, avec l'habileté : il y a peu de plaisir à faire ses gammes.

Il présente ensuite le plaisir comme le repos de l'âme, le repos de l'esprit. Toute personne qui gagne sa vie avec ses muscles sait que l'être humain a besoin de repos physique pour refaire les forces limitées de son corps. Il en est ainsi de l'âme ou de l'esprit. Or, selon lui, le repos de l'âme, c'est le plaisir qui le procure. En d'autres mots, on remédie à la fatigue de l'esprit en s'accordant quelque plaisir corporel, sensible ou même intellectuel, qui interrompt l'effort de la raison. La lecture d'un livre captivant élimine la fatigue intellectuelle consécutive à l'étude d'un rapport assommant. Pour détendre un auditoire fatigué par un exposé difficile à suivre, les professeurs qui ont de l'esprit ont l'habitude d'en faire. Les plus démunis lisent les

---

4. Thomas d'Aquin, *Somme théologique*, II-II, q. 142, art. 1.

mêmes farces chaque année, aux mêmes endroits de leurs notes de cours...

Enfin, le plaisir est un remède aux multiples maux de l'existence. Sans être pessimiste, Thomas d'Aquin trouvait plutôt pénible la vie humaine : maux du corps (maladies de toutes sortes), peines morales (amour déçu, amitié brisée, peur, tristesse, envie), maux de l'intelligence, qui ignore tant de choses qu'on aurait besoin de savoir — dans le domaine de la santé, par exemple. Et, selon lui, le remède susceptible sinon de guérir du moins de soulager l'humanité aux prises avec tous les maux qui l'accablent, c'est encore le plaisir sous l'une ou l'autre de ses formes : un bon repas — bien arrosé — avec des amis ; la musique, le jeu, la lecture, le changement[5].

Thomas d'Aquin rappelle que le plaisir accompagne toute opération naturelle : il est agréable de voir, il est pénible d'être aveugle ; il est agréable d'écouter de la musique, il est pénible de se faire casser les oreilles par le bruit d'une foreuse ; il est agréable de manger, il est pénible d'avoir faim. L'art et la pratique augmentent le plaisir. L'art culinaire, par exemple, augmente le plaisir de manger. Or, puisque le plaisir accompagne toute opération naturelle, il s'ensuit que plus une opération est naturelle, plus le plaisir qui l'accompagne est ardent — Thomas d'Aquin emploie l'adjectif latin *vehemens*, dérivé du verbe *vehere*, transporter. Eh bien, les opérations les plus naturelles, ce sont celles qui ont pour but la conservation de l'individu par le boire et le manger, la conservation de l'espèce par l'union des sexes. Ces plaisirs étant « naturels », ils sont voulus de Dieu, auteur de la nature, et, parce qu'ils sont les plus naturels, ils sont accompagnés des plaisirs les plus véhéments.

---

5. *Somme théologique*, I-II, q. XXXII, art. 2.

Le boire et le manger, nécessaires à la conservation de l'individu, constituent une lourde servitude. Pour l'adoucir, la nature a attaché à ces deux nécessités des plaisirs qu'il ne tient qu'à nous de raffiner. Tout ce que la tempérance demande, je le répète, c'est que nous contrôlions l'inclination à ces plaisirs. S'y abandonner est néfaste pour la santé. Dans une lettre à son ami Lucilius, Sénèque écrit: «Le nombre des maladies ne doit pas t'étonner: compte les cuisiniers. Dans les écoles des rhéteurs et des philosophes, c'est le désert, mais quelle foule dans les cuisines!» Et il termine par cette exclamation: «Dieux bons, que d'hommes occupe un seul ventre!»

La nature a sagement attaché à l'activité sexuelle un plaisir encore plus véhément que celui du boire et du manger. Pour sauver sa vie, un être humain se résigne à manger des choses répugnantes, mais qui donc se soucierait de propager l'espèce humaine si aucune inclination n'y poussait, si aucun plaisir n'y était attaché? Ici, Uta Ranke-Heinemann attaque en affirmant que saint Thomas se sent soutenu par Aristote «dans son hostilité au plaisir et à la sexualité», car, selon Aristote, la jouissance sexuelle empêcherait la pensée[6]. Saint Thomas ne cesse de revenir sur cette idée, dit-elle, que la jouissance charnelle empêche tout usage de la raison, qu'elle étouffe la pensée. Comme elle donne des références, la démarche semble donc sérieuse.

La référence à l'*Éthique à Nicomaque* d'Aristote (7, 12), qui est censée «apporter de l'eau au moulin de Thomas d'Aquin» ne contient pas une idée d'Aristote, mais un argument invoqué par les gens qui, au temps d'Aristote, soutenaient que tous les plaisirs étaient mauvais. Dans le chapitre suivant, Aristote va réfuter cet argument-là, mais Uta Ranke-Heinemann n'a pas lu ce chapitre suivant. Incroyable! Il va sans dire que la démarche

6. Uta Ranke-Heinemann, *Des eunuques pour le royaume des cieux*, Paris, Robert Laffont, 1990, p. 217.

d'Aristote n'a pas échappé à Thomas d'Aquin. Dans le commentaire qu'il fait de ce texte, il précise qu'à cet endroit Aristote expose les opinions de ceux qui combattent le plaisir, de ceux qui soutiennent que tous les plaisirs sont mauvais. Donc, pas la moindre goutte d'eau sur la roue du moulin de Thomas d'Aquin.

Dans la même page 217 de son livre, Uta Ranke-Heinemann prête à Thomas d'Aquin l'opinion suivante: « Le plaisir sexuel anéantit totalement la pensée. » J'avais consulté tellement souvent le traité de Thomas d'Aquin sur le plaisir que cette énormité aurait dû me frapper. J'allai voir la référence qui était donnée: *Somme théologique*, II-II, q. 55, art. 8, sol. 1 — dans le texte latin, cela va de soi: les traducteurs sont souvent traîtres. Rien du texte latin n'est rendu par la traduction d'Uta Ranke-Heinemann rapportée ci-dessus. Tout d'abord, Thomas d'Aquin ne parle pas du « plaisir sexuel », mais de la luxure. La luxure est un vice; le plaisir sexuel n'en est pas un. La luxure, c'est le vice d'une personne incapable de contrôler l'usage du plaisir sexuel: incestueux, violeur, etc. Le vice est l'opposé de la vertu. L'un et l'autre sont des dispositions stables. On n'est pas vertueux parce qu'on pose de temps en temps un acte vertueux; on n'est pas vicieux parce qu'on pose de temps en temps un acte contraire à la vertu.

Puis, Thomas d'Aquin ne dit pas que la luxure « anéantit totalement la pensée »: il dit que la luxure opprime totalement la raison. Ce n'est pas du tout la même chose. Pour comprendre, il faut se placer dans le contexte: le traité de la prudence. La raison y est présentée comme une partie intégrante de cette vertu directrice de l'agir humain. Mais la raison dont il s'agit, ce n'est pas la faculté qui distingue l'homme de l'animal: la raison, ici, c'est l'usage de cette faculté, son exercice dans tel ou tel domaine de l'activité humaine. Thomas d'Aquin énonce par là une vérité d'expérience quotidienne.

À peu près tout le monde a un domaine où il dérape. Pour faire dire des monstruosités à telle personne, engagez la conversation sur la religion ; avec une autre, ce sera sur le mariage ; avec une autre, sur la politique. Sur tout autre sujet, ces trois personnes se révéleront parfaitement normales.

Dans le texte cité par Uta Ranke-Heinemann, Thomas d'Aquin examine le cas de la luxure. La personne qui a développé ce vice est incapable d'user de bon sens dans sa recherche du plaisir sexuel. Les journaux nous en fournissent des exemples incroyables. Le jour même où j'écrivais ces lignes, ils rapportaient le cas d'un homme qui abusait de sa sœur depuis dix ans : elle avait cinq ans au début. Tout y avait passé : la cocaïne, la violence verbale et physique, jusqu'aux menaces de mort. C'est d'un tel monstre que Thomas d'Aquin dirait que la luxure lui opprime totalement la raison. Mais la raison de ces personnes n'est pas « anéantie » : dans tous les autres domaines de l'activité humaine, elles raisonnent correctement. C'est pourquoi on entend souvent les compagnons de travail dire qu'ils n'avaient rien soupçonné, qu'ils n'auraient jamais imaginé qu'ils côtoyaient chaque jour un pédéraste ou un incestueux.

Uta Ranke-Heinemann insiste : « Saint Thomas ne cesse de revenir sur l'idée que la jouissance charnelle empêche tout usage de la raison, qu'elle étouffe la pensée et absorbe l'esprit. » Elle lit trop vite, madame Heinemann ! C'est en considérant l'acte charnel que Thomas d'Aquin note un moment où la surabondance de plaisir — chez les virtuoses — absorbe la raison au point où il est impossible d'appliquer son intelligence à quoi que ce soit d'autre. Mais cette interruption de l'usage de la raison est très brève : « L'acte sexuel est une courte apoplexie », disait Démocrite[7]. Y a-t-il quelqu'un qui

7. *Les penseurs grecs avant Socrate*, Paris, Garnier-Flammarion ; 31, 1964, p. 171, 32.

demanderait l'opinion d'un conseiller en plein orgasme ou qui suivrait l'opinion émise à ce moment-là ? En lisant Uta Ranke-Heinemann, on a l'impression que le plaisir sexuel anéantit pour toujours l'usage de la raison, que les usagers de ce plaisir s'abêtissent lentement, mais sûrement, ce que contredit l'expérience.

Au sujet de cette éclipse de la raison, Thomas d'Aquin commence par rappeler qu'un acte est bon quand il est conforme à la raison ; mauvais quand il répugne à la raison. Or la non-conformité à la raison résulte d'un excès ou d'un manque : trop manger ou ne pas manger assez, boulimie ou anorexie. Le juste milieu de la vertu morale n'est pas une affaire de quantité, mais de conformité à la raison. C'est pourquoi l'abondance du plaisir attaché à l'acte sexuel posé en conformité avec la raison n'est pas contraire au juste milieu de la vertu morale. Puis, Thomas d'Aquin énonce ce principe étonnant : « Il n'est pas contraire à la vertu que l'usage de la raison soit interrompu pendant l'exécution d'un acte conforme à la raison. » Ailleurs, on trouve une autre formulation : « La raison elle-même veut que son exercice soit parfois suspendu[8] », sinon, poursuit-il, il serait contraire à la vertu de se livrer au sommeil, car le sommeil suspend l'usage de la raison pendant plusieurs heures, alors que l'orgasme l'interrompt pendant quelques instants seulement.

Uta Ranke-Heinemann renchérit : « Nous ne pouvons plus imaginer aujourd'hui le fanatisme avec lequel saint Thomas [...] refuse l'acte sexuel sous prétexte que celui-ci obscurcit et dissout l'esprit[9]. » Deux lignes plus bas, elle parle de « l'aversion de saint Thomas pour l'échange sexuel ». Pour mesurer la profondeur de cette ineptie, ouvrons la *Somme contre les*

8. *Somme théologique*, II-II, q. 153, art. 2, solution 2.
9. *Op. cit.*, p. 217.

gentils, livre III, chapitre 126, où Thomas d'Aquin combat ceux qui, en son temps, enseignaient que toute union charnelle était illicite. Voici le résumé des quatre arguments qu'il leur sert.

Les inclinations naturelles sont mises dans les êtres par l'Auteur de la nature. Elles ne peuvent donc pas les porter vers quelque chose de mauvais. Or personne ne conteste qu'il existe chez les humains une véhémente inclination à l'union charnelle et des organes qui permettent de satisfaire cette inclination. On peut donc dire que telle est la fin de ces organes, leur usage naturel. C'est par l'union des sexes qu'est comblé le désir, ressenti par la plupart des gens, de se donner une progéniture ; c'est par elle aussi qu'est obtenue la perpétuité de l'espèce humaine. On sait combien les espèces en voie d'extinction préoccupent bien des gens. S'il fallait que l'espèce humaine le soit !

Ces propos ne manifestent aucune « aversion pour l'échange sexuel », bien au contraire. D'ailleurs, Thomas d'Aquin connaissait le texte où saint Paul traite « d'hypocrites séducteurs » ceux qui « proscrivent le mariage », car « tout ce que Dieu a créé est bon[10] ».

D'après la théologienne, Thomas d'Aquin, en plus d'être un ennemi du plaisir, est un ennemi de la femme. Elle n'est pas la seule à le penser. Dans *Ainsi soit-elle*, Benoîte Groult écrit : « Ayant fait de la femme un être occasionnel et accidentel [saint Thomas d'Aquin], etc. » (Le livre de Poche ; 4915, p. 153). Uta Ranke-Heinemann insiste : « La femme ne doit son existence qu'à une erreur, un dérapage dans le processus de création humain ; elle est un homme raté, elle a un défaut de fabrication » (p. 211).

Ici, il faut distinguer soigneusement trois choses : 1) ce que dit Aristote ; 2) puis, ce que Thomas d'Aquin en savait et dont

---

10. *Première Épître à Timothée*, 4, 3-4.

il a tiré une objection; 3) enfin, la réponse qu'il fait à cette objection. Sa pensée, dois-je le répéter? est dans la réponse à l'objection.

Ce que dit Aristote se trouve dans son traité *De la génération des animaux.* Au livre II, ch. 3, on lit que « la femelle est comme un mâle mutilé ». La femelle et non la femme, puisqu'il parle des animaux en général, dont l'homme fait partie en tant qu'animal raisonnable. La différence entre un garçon et une fille, à la naissance, se présente « comme une mutilation ». À dix-huit ans, la situation a beaucoup changé: quelques différences supplémentaires sont apparues. Quel mâle aurait considéré Mitsou, à dix-huit ans, comme quelque chose de mutilé, de raté? Au livre IV, ch. 2, Aristote parle des cas où la nature s'écarte du « type générique ». « Le tout premier écart est la naissance d'une femelle au lieu d'un mâle. » Au ch. 6 du même livre, il dit qu'il faut considérer la nature des femelles « comme une défectuosité naturelle. » Voilà ce qu'on trouve chez Aristote. Passons au deuxième point: qu'est-ce que Thomas d'Aquin en savait?

Uta Ranke-Heinemann dit que Thomas d'Aquin traduit l'adjectif grec *pépêrômenon*, qui signifie « mutilé », par *occasionatus* (p. 213). Première erreur: Thomas d'Aquin ne connaissait pas le grec. Il utilisait les traductions latines de son confrère dominicain, Guillaume de Moerbeke, ancien évêque de Corinthe, qui possédait bien le grec. Dans le texte latin que Thomas d'Aquin a sous les yeux, la phrase d'Aristote: « La femelle est comme un mâle mutilé » est devenue: *Femina est mas occasionatus.* « Comme » n'a pas été traduit; « mutilé » a été remplacé par *occasionatus.*

Plusieurs traducteurs rendent *femina* par femme. Ce n'est pas correct: Aristote parle des animaux en général; il parle de tous les mâles — bouc, bœuf, homme, etc. — et de toutes les femelles: vache, brebis, femme, etc. Le petit mot latin *mas* inclut tous les mâles; le mot latin *femina* inclut toutes les femelles. Quand Thomas d'Aquin parle du mâle humain, il emploie le mot *vir* et il emploie le mot *mulier* pour la femelle humaine; *uxor* si elle est mariée. Il est trop tôt pour traduire le mot *occasionatus*, mais il est évident qu'il ne signifie pas mutilé.

Quand Thomas d'Aquin soulève une question, par exemple: Dieu existe-t-il? il commence par apporter des objections qui tendent à prouver qu'il n'existe pas. On rencontre l'objection qu'il tire du traité *De la génération des animaux* d'Aristote quand il discute de la création. Thomas d'Aquin se demande si la femme — pas la femelle, car il emploie le mot *mulier* — devait faire partie de la «première création des choses». Pour semer le doute, il dit que non et appuie ce non de quelques objections, dont la suivante: selon Aristote, dit-il, «femina — la femelle — est *mas occasionatus*. Mais rien d'*occasionatum et deficiens* ne devait faire partie de la première production des choses. Donc...» Après avoir prouvé que la femme devait être créée dès le début, il va répondre à l'objection qui cherchait à prouver qu'il ne le fallait pas. La pensée de Thomas d'Aquin se trouve dans la réponse. Et c'est le troisième point que j'ai annoncé.

Thomas d'Aquin considère l'objection ci-dessus de deux points de vue: 1) le point de vue de la «nature particulière», c'est-à-dire le point de vue de tel mâle qui engendre; 2) le point de vue de la «nature universelle», c'est-à-dire le point de vue de l'espèce humaine et non plus d'un individu de cette espèce. Plusieurs auteurs que je citerai n'ont considéré que le premier point de vue. Je ne comprends pas pourquoi.

Du point de vue de la nature particulière, c'est-à-dire du point de vue du mâle qui engendre, Thomas d'Aquin affirme que la femelle est quelque chose de *deficiens et occasionatum*, parce qu'il fonctionnait avec les erreurs scientifiques de son époque, comme nous fonctionnons avec les erreurs scientifiques de la nôtre. En science, chaque siècle se moque du précédent. On pensait, au XIIIe siècle, que la vertu active contenue dans la semence du mâle tendait à produire quelque chose de semblable au géniteur — *sibi simile* — parfait du point de vue du sexe masculin — *perfectum secundum masculinum sexum.*

Uta Ranke-Heinemann déforme comme suit cette phrase toute simple: «La force active contenue dans la semence masculine souhaite produire quelque chose d'aussi parfait que son géniteur, donc à nouveau un homme.» D'abord, la semence du mâle ne «souhaite» rien, pas plus que le somnifère que je prends. La semence a une «vertu» comme le somnifère en a une: cette vertu agit indépendamment de la volonté du mâle. De plus, il n'est pas question de produire quelque chose d'aussi parfait que le géniteur, mais quelque chose de semblable: *sibi simile,* donc un mâle. Enfin, la vertu active tend à produire un mâle parfait selon le sexe masculin. Si le géniteur est infirme, la semence tend à produire un mâle plus parfait que le géniteur. Il s'engendre des mâles imparfaits, physiquement ou mentalement. La pensée de Thomas d'Aquin, à cet endroit, ne comporte aucune comparaison entre le sexe masculin et le sexe féminin.

Examinons maintenant le cas où «la vertu contenue dans la semence du mâle engendre une femelle». Dans l'hypothèse où elle devait engendrer un mâle, il est évident que quelque chose n'a pas fonctionné, quelque chose a fait défaut, et Thomas d'Aquin introduit l'adjectif *deficiens.* La vertu contenue dans la semence n'a pas été efficace, comme un somnifère qui n'engendre pas le sommeil. Le somnifère n'engendre pas le sommeil: 1) parce qu'il n'est pas assez puissant; 2) parce que je suis trop excité: j'ai gagné le gros lot; 3) parce qu'un charivari se déroule près de chez moi. De la même manière, la vertu contenue dans le semence du mâle peut ne pas engendrer un mâle parce que cette vertu est trop faible, ou bien parce qu'il y a un obstacle du côté de la femelle, ou enfin parce qu'une cause extérieure s'interpose. La déficience signifiée par l'adjectif *deficiens* n'est donc pas dans le produit de la génération, mais dans un processus qui devait engendrer un mâle, mais qui a engendré une femelle.

Venons-en à l'autre adjectif, *occasionatus*. Rien de bien compliqué. La vertu contenue dans la semence tendait à produire un mâle et un mâle parfait. Parfois, elle ratait cet objectif et produisait une femelle ou un mâle imparfait : c'était un mâle, mais il lui manquait un membre ou avait quelque membre disproportionné. C'est ici que Thomas d'Aquin rencontre l'adjectif *occasionatus*, qui signifie que l'objectif auquel tendait la vertu contenue dans la semence du mâle a été raté. Cela n'avait rien à voir avec la qualité de l'être engendré, à savoir la femelle. Que de fois dans la vie on rate l'objectif poursuivi, mais on est heureux par la suite de l'avoir raté ! De même, ici, il n'y a rien qui permette de conclure à l'imperfection de la femelle, à son infériorité par rapport au mâle.

Examinons le deuxième point de vue considéré par Thomas d'Aquin : le point de vue de la nature universelle, c'est-à-dire le point de vue de l'espèce humaine et non plus celui d'un mâle particulier qui engendre. Du point de vue de l'espèce humaine, la femelle est voulue, à l'égal du mâle, pour concourir à la survie de l'espèce. Quand une femelle est engendrée, la nature universelle la veut parfaite selon le prototype du sexe féminin. Du point de vue de la nature universelle, Thomas d'Aquin ne parle pas de déficience parce que cette déficience était dans le mâle particulier ; la femelle n'est pas, non plus, un mâle *occasionatus*, un objectif raté.

L'objection formulée par Thomas d'Aquin et la solution qu'il propose comptent moins de deux cents mots. Cependant, que de sottises leur interprétation a fait commettre à de beaux esprits! À ceux dont j'ai déjà parlé, j'en ajouterai trois.

Dans un article intitulé «Le statut de la femme dans le droit canonique médiéval», René Metz, professeur à l'Université de Strasbourg déclare: «Pour saint Thomas, la supériorité de l'homme sur la femme est certaine; à la suite d'Aristote, il estime que la femme est un *mas occasionatus*. La génération d'une femme est l'effet d'une déficience ou d'un hasard: *Femina est aliquid deficiens et occasionatum.*» Il est inconcevable, tout d'abord, que René Metz justifie son accusation en invoquant l'objection à laquelle Thomas d'Aquin va répondre au lieu d'invoquer la solution que Thomas d'Aquin propose de cette objection, solution qui contient la pensée de Thomas d'Aquin; il est inconcevable, en second lieu, que René Metz ne tienne pas compte des deux points de vue que distingue Thomas d'Aquin quand il explique ce *mas occasionatus*. En note, René Metz reproduit le texte latin, mais le texte, tronqué, se limite au premier point de vue, celui de la nature particulière: *per respectum ad naturam particularem*. La citation s'arrête juste au moment où Thomas d'Aquin va passer à l'autre point de vue en disant: *per respectum ad naturam universalem*. C'est tout simplement incroyable[11].

Un second exemple. Jean Delumeau consacre à la femme le chapitre X de *La peur en Occident*. Après avoir cité plusieurs grands médecins de la Renaissance, il conclut: «Telle est la femme pour les plus illustres médecins de la Renaissance: un mâle mutilé et imparfait, un défaut quand on ne peut faire mieux.» Rien à dire si Delumeau rapporte fidèlement l'opinion des médecins de la Renaissance. Mais il déraille quand il

---

11. René Metz, *La femme*, Bruxelles, «Recueils de la société Jean Bodin pour l'histoire comparative des institutions», n°s XI-XII, 1962, n° XII, p. 59-113.

ajoute: «La science médicale du temps ne fait que répéter Aristote revu et corrigé par saint Thomas d'Aquin[12].» Après ce que j'ai dit plus haut, il est inutile d'insister sur la stupidité de ce que le grand Delumeau vient d'affirmer.

Un dernier exemple et non des moindres concernant toujours l'expression *mas occasionatus*, celui du cardinal Léon-Joseph Suénens. En 1962, alors qu'il est archevêque de Malines-Bruxelles, il publie un livre intitulé *Promotion apostolique de la religieuse.* Il y affirme que les canonistes, certains théologiens et des orateurs sacrés ont fait de la femme «une sorte de mineure à perpétuité. Saint Thomas lui-même a suivi trop servilement en ce domaine son maître Aristote» (p. 64). Puis, le cher cardinal cite, sans donner la référence, le texte que j'ai commenté ci-dessus[13], mais il ne considère, lui aussi, que le premier point de vue, celui de la nature particulière. Et l'on se demande, songeur, comment un cardinal du XXe siècle peut laisser de côté l'autre point de vue, qui mène à Dieu, ordonnateur de la nature. Une première explication: ces gens-là ignorent le conseil d'Alain: «Boire dans le creux de sa main et non dans une coupe empruntée.» Ils se copient les uns les autres sans se donner la peine d'aller vérifier. Une seconde explication, plausible: bien des «écrivains» signent des textes qu'ils n'ont pas pondus. Sans compter qu'on peut se donner une allure évoluée en griffant au passage le docteur commun de l'Église catholique romaine.

Si Thomas d'Aquin tirait lui-même la conclusion de ce chapitre, je suis persuadé qu'il reviendrait sur deux idées capitales: 1) la tempérance ne consiste pas à limiter la quantité du plaisir, mais à contrôler l'inclination au plaisir; 2) l'usage de la raison peut être suspendu dans l'accomplissement d'un

12. Jean Delumeau, *La peur en Occident*, p. 429.
13. *Somme théologique*, I, q. 92, art. 1, sol. 1.

acte conforme à la raison. En ce qui concerne sa prétendue misogynie, je pense qu'il se contenterait de sourire. Peu de temps avant sa mort, il avait manifesté le désir d'aller passer quelques jours dans le château de sa sœur, la comtesse Théodora ; en route pour le concile de Lyon, il s'arrêta au château de sa nièce Françoise, qui l'avait reçu plusieurs fois ; enfin, il avait vécu les premières années de sa vie dans le château de son père. Dans tous ces châteaux, il avait vu bien des femmes qui n'avaient aucunement l'air de mâles ratés... En commentant la pensée de Thomas d'Aquin sur le vêtement, Étienne Gilson dit que ce dominicain s'y connaissait en chiffons !

CHAPITRE 17

Le langage qui trahit

Dans le palais du grand prêtre Caïphe, Pierre se défend d'être un disciple de Jésus. On lui rétorque qu'il ment: « Ton parler te trahit. » Il en est ainsi de nous par rapport au Moyen Âge: notre langage trahit notre dépendance de cette période, qui nous a légué quantité de mots et d'expressions d'usage quotidien, qui regorgent de sève quand on a la curiosité de remonter au Moyen Âge. En voici quelques exemples.

Sans aucune autre raison que le hasard d'une lecture récente, je commence par l'expression *être aux cent coups*. Si vous ne l'avez jamais employée, vous l'avez sûrement lue ou entendue. L'expression rappelle une coutume en vigueur dans les couvents au Moyen Âge. On frappait cent coups sur la cymbale ou sur le gong pour annoncer les repas. Cette pratique donnait aux moines le temps de terminer, même à la hâte, ce qu'ils étaient en train de faire; au centième coup, toute la communauté était alignée à la porte du réfectoire. Pour certains moines, il y avait de la fébrilité, une certaine inquiétude pendant que se déroulaient les cent coups. Quand l'expression est passée de la vie religieuse à la vie profane, elle a mis l'accent sur cette inquiétude. Les situations abondent où l'on est aux cent coups: le jeune n'entre pas, le verdict du médecin tarde, l'avion n'arrive pas.

L'expression *avoir pignon sur rue* signifiait, à l'origine, être propriétaire d'une maison à l'intérieur des murs de la ville. Les deux bouts d'une maison sont d'ordinaire formés de murs qui se terminent en triangle. Ce triangle est un pignon. Beaucoup de nos petites maisons sont construites de la sorte, et elles sont plus longues que larges. Au Moyen Âge, les villes, ceinturées de puissants murs de pierres, exigeaient beaucoup de temps et d'argent. Pour en épargner, on plaçait les maisons sur le sens de la largeur et non de la longueur. C'est le mur du bout de la maison qui donnait alors sur la rue. Comme ce mur se terminait par un pignon, le propriétaire d'une maison avait pignon sur rue. Nous disons toujours « avoir pignon sur rue » pour signifier le fait d'être propriétaire d'une maison, mais, en fait, nous n'avons plus souvent pignon sur rue: nous avons façade sur rue.

Les expressions *mettre la table, ôter la table* ne sont sans doute pas les plus élégantes de la langue française, mais elles sont encore employées, et tout le monde les comprend. Mettre la table, c'est d'abord étendre une nappe, puis placer dessus tout ce qui est nécessaire pour prendre un repas: assiettes, ustensiles, verres. Ôter la table, c'est s'engager dans le processus inverse. Mais, au Moyen Âge, mettre la table comportait une phase de plus. La table était constituée de deux tréteaux sur lesquels on posait des planches. Comme l'espace était exigu, une fois le repas terminé, on ôtait la table, c'est-à-dire qu'on enlevait les planches et les tréteaux.

De nos jours, on considère comme un droit que les gens aient voix au chapitre chaque fois qu'est débattue une affaire qui les concerne. *Avoir voix au chapitre*, voilà une autre expression qui nous vient du Moyen Âge. Un chapitre, c'était alors une assemblée de chanoines qui assistaient un évêque dans la direction de son diocèse. Un chapitre de livre, ce sont des paragraphes ; le chapitre de Notre-Dame, c'étaient des chanoines. Dès qu'un prêtre faisait partie du conseil ou du chapitre d'un évêque, il avait droit de parler et de voter sur les décisions qui s'y prenaient. L'expression est passée au domaine profane. Dans n'importe quel domaine, on dit d'une personne qu'elle a ou qu'elle n'a pas « voix au chapitre » selon qu'on lui permet ou non de délibérer et de voter.

On dit parfois d'une personne qui a beaucoup pratiqué un métier, un art ou une profession qu'elle est *passée maître* dans l'art de persuader, dans l'art de peindre un portrait, dans l'art de greffer un cœur, etc. On dit parfois d'un ouvrage qu'il est fait de *main de maître*. Ces expressions rappellent les trois degrés dont nous avons déjà parlé : apprenti, compagnon et maître. *Passer maître*, c'était accéder au plus haut degré d'un métier. Normalement, la main du maître était plus habile que celle du compagnon ou de l'apprenti.

Vous vous demandez si le parti qui vient de prendre le pouvoir tiendra ses promesses. On vous répond : faire des promesses en campagne électorale, c'est une chose ; les tenir, c'est *une autre paire de manches*. L'expression signifie que la deuxième action est plus difficile que la première. Au Moyen Âge, les manches des vêtements n'étaient pas toujours cousues définitivement comme elles le sont de nos jours. Je ne peux pas, au lieu de changer de chemise, me contenter d'en découdre les manches et d'en faufiler d'autres en un rien de temps. On le faisait au Moyen Âge. L'expression s'est détachée de ce sens originel pour véhiculer l'idée de quelque chose de plus difficile qu'une chose antérieure.

Tout le monde a vu dans un film français un gentilhomme porter la main à son cœur et présenter ses hommages à une dame en faisant décrire à son chapeau à plume un cercle aussi grand que le permettait le rayon de son bras étendu. Vous avez sûrement présenté, avec moins de déploiement, des hommages à bien des dames, ne serait-ce que dans la formule de politesse d'une lettre. Le mot *hommage* revient dans des dizaines d'expressions. Il évoque une cérémonie du Moyen Âge féodal, que l'on appelait précisément l'hommage. La cérémonie se déroulait à peu près comme suit. Un homme, nu-tête et sans armes, s'agenouille devant un autre homme; il joint les mains et les place dans celles de l'autre, dont il réclame la protection en retour de la soumission et de la fidélité qu'il lui jure. Un baiser sur la bouche scelle l'accord. Le supérieur que cette cérémonie crée porte le nom de *seigneur*. L'inférieur est dit « l'homme » du premier, ou son vassal. Un vassal pouvait, comme Janus, avoir deux faces: être le vassal d'un plus fort et le seigneur de gens plus faibles que lui. Et l'homme pouvait être une femme. L'inférieur appelait le supérieur « mon seigneur ». Quand un catholique dit: « Monseigneur » l'archevêque est venu dans notre paroisse, il ne soupçonne pas tout ce qu'il y a sous ce mot, que l'on divise en un adjectif possessif et un nom: mon seigneur. Un seigneur, c'était une personne qui possédait des terres — une seigneurie —, qui en retirait de bons revenus. Les évêchés du Moyen Âge étaient des seigneuries très convoitées. Quand on connaît l'histoire de ce titre, *monseigneur*, on ne comprend pas pourquoi les gens d'Église qui le portent ne le bannissent pas à tout jamais. Le seigneur, c'était le maître devant lequel on s'agenouillait; ce n'était pas le maître qui lave les pieds de ses disciples.

Il nous arrive d'accoler l'adjectif *chevaleresque* à des noms comme bravoure, générosité, courage, courtoisie. Chevaleresque vient de chevalerie et chevalerie vient de cheval. Vers les XIe et XIIe siècles, la chevalerie, c'était comme la prêtrise: on conférait l'une et l'autre. (Par la suite, la chevalerie en viendra à désigner l'ensemble des chevaliers.) Nous disons: ordonner prêtre; les Médiévaux disaient: faire un chevalier, ou conférer la chevalerie, ou ordonner chevalier. Le rituel était différent d'un pays à un autre et d'une époque à une autre. Voici, en gros, comment on fait un chevalier. Le postulant doit être jeune, à peine sorti de l'adolescence, car, selon un proverbe carolingien, s'il a atteint douze ans sans monter à cheval, il n'est plus bon qu'à faire un prêtre. Un chevalier plus ancien lui remet les armes de son futur état et, notamment, il le ceint de l'épée, puis lui assène, sur la nuque ou sur la joue, un grand coup du plat de la main, pour qu'il se rappelle sa promesse, semble-t-il. (La seule gifle qu'un chevalier recevait sans la rendre.] Parfois, la gifle était remplacée par un coup du plat de l'épée sur l'épaule. Le nom de la cérémonie tout entière, l'adoubement, évoque ce geste : adoubement, d'un verbe germanique qui signifie frapper. L'adoubement fait chevalier comme l'ordination fait prêtre. Le chevalier devait mettre son épée au service des bonnes causes : par exemple, défendre l'Église ; protéger la veuve, l'orphelin et le pauvre ; ne pas frapper l'ennemi désarmé ; ne pas participer à un faux jugement ou à une trahison ; aider son prochain dans l'embarras.

La courtoisie, qui évoque le raffinement dans la politesse, est une des vertus du chevalier. La courtoisie et l'adjectif qui en dérive nous viennent du Moyen Âge, du XIIe siècle précisément, dont on a dit qu'il avait inventé l'amour, c'est-à-dire l'amour courtois. Cet amour est présenté comme un refus dédaigneux de limiter l'amour à la satisfaction de l'instinct sexuel. L'amour courtois est fait de réserve, de respect, d'émerveillement. Certains semblent être allés un peu loin en disant qu'au temps de l'amour courtois l'amant ne cherchait guère à se faire aimer ; qu'il acceptait d'aimer en silence ou au moins sans espoir. J'ai dit ailleurs que tel n'était pas le cas.

Même s'il n'utilise pas toujours le mot *chaussée*, n'importe qui le comprend. La chaussée, c'est la partie d'une route sur laquelle circulent les voitures. Ce mot nous vient du Moyen

Âge. Les Romains ont construit d'excellentes routes dans toutes les régions qu'ils ont occupées assez longtemps. Ces routes romaines étaient bien dallées et droites ; elles sont assimilables à nos autoroutes. Les Médiévaux construisirent des routes plus sinueuses pour desservir tel château, telle abbaye, telle agglomération. Ces routes étaient faites de cailloux liés par de la chaux. C'est cette chaux qui a donné la chaussée, mot que nous utilisons encore, même s'il n'y a plus de chaux dans le revêtement de nos routes.

Faisons connaissance avec une famille de mots qui a connu un avenir brillant, c'est la famille de bourg, bourgeois, bourgeoisie, faubourg, bourgade, etc. Ces mots nous sont venus tout droit du Moyen Âge. Le bourg a d'abord été une place fortifiée, mais le bourgeois dont nous parlerons n'évoque pas des fortifications. Le bourgeois du Moyen Âge est un marchand. Pour mieux le situer, rappelons que, dans la société médiévale, on distinguait les nobles, les clercs et les paysans, qu'on appelait aussi les rustres ou les vilains. (*Rustre* vient du latin *rusticus*, lui-même dérivé de *rus*, qui signifie campagne. Le rustre, c'était l'habitant de la campagne. Quant à *vilain*, il vient du latin *villa*, et la villa, c'était la maison de campagne.) Le bourgeois, c'est le citoyen du bourg devenu un lieu où l'on brasse des affaires : il achète et il vend ; c'est un marchand. Il vit du profit qu'il réalise dans ses transactions. Il circule de ville en ville pour acheter et vendre de la marchandise. Les routes, terrestres ou fluviales, sont importantes pour lui, et il exige qu'elles soient sécuritaires. Tout le heurte dans la société où il évolue : à commencer par les théologiens, qui ne croient pas légitime de vendre un cheval plus cher qu'on l'a payé ou d'exiger un intérêt sur l'argent prêté, jusqu'aux péagers, qui lui barrent constamment les routes. Bref, le bourgeois du Moyen Âge est en quelque sorte un révolutionnaire ; un homme qui rue dans les brancards. Maintenant, le mot *bourgeois*, évoque l'aisance, la richesse, et le bourgeois ne se heurte plus à nos sociétés de libre-échange.

Un autre mot qu'on emploie dans les situations les plus diverses plonge sa racine jusqu'au XIe siècle, c'est le mot *croisade*. Il est postérieur d'une couple de siècles à la première des huit expéditions militaires parties d'Europe pour déloger les musulmans, qui occupaient les Lieux saints. À cette époque, on disait d'une personne qui s'engageait dans une telle expédition qu'elle prenait la croix, parce que le croisé cousait une croix de tissu sur l'épaule droite de son costume. Par analogie avec ces expéditions des Médiévaux, nous parlons de croisade contre l'alcoolisme, contre la drogue, contre le travail au noir, contre mille choses et en faveur de mille autres.

Nos montres tellement familières étaient des monstres quand on les a inventées vers la fin du Moyen Âge. Des monstres parce qu'elles montraient l'heure. Ce mot vient du latin *monstrare*, qui signifie montrer. Le *s* est disparu au cours des ans. Le veau à deux têtes est un monstre et non une montre. Mais la racine des deux mots est la même. L'un et l'autre ont quelque chose de spécial à montrer.

On entend souvent l'expression *travail de bénédictin*. Elle évoque encore le Moyen Âge. Le mot *bénédictin* vient du latin *Benedictus*, qui signifie Benoît, le fondateur, en 529, de l'ordre des Bénédictins. Un travail de bénédictin, c'est un travail qui exige beaucoup de patience et de soins, comme les travaux qu'ont effectués les Bénédictins. On dit aussi, simplement, un bénédictin pour désigner un érudit qui se consacre à des travaux de longue haleine.

Le mot *moine* entre dans plusieurs expressions d'usage courant. Ce mot est dérivé du grec *monos*, qui signifie seul, même si les moines vivent souvent en communauté. *Vivre comme un moine*, c'est mener une vie austère. Un proverbe prétend que *l'habit ne fait pas le moine*, c'est-à-dire qu'on ne doit pas juger sur l'apparence. Par allusion à la forme conique du capuchon des moines, beaucoup d'objets ou d'animaux portent le nom de moine. Le mot a été donné comme surnom à des laïcs : le moine. C'est maintenant un nom de famille bien connu : Lemoine.

De nombreux noms de métiers, devenus des noms de famille, nous viennent du Moyen Âge : Cloutier, Pelletier, Carrier, Chevalier, Couturier, Meunier, Boucher, Fruitier, Mercier, etc. Les ancêtres des Cloutier fabriquaient ou vendaient des clous ; on le devine facilement. Le cas des Boucher est un peu plus difficile. Ce sont les quatre premières lettres de leur nom qui recèlent le secret de leur origine : bouc ! Au XIIe sicle, le boucher vendait de la viande de bouc. Il a conservé ce nom en passant à des animaux plus nobles : bœuf, mouton, porc. Pelletier vient de l'ancien français *pel*, dérivé du latin *pellis*, peau. Le marchand pelletier achetait et vendait des peaux ; il était, en plus, fourreur s'il confectionnait des vêtements de fourrure.

Mercier vient du latin *merx*, marchandise. Au XIIe siècle, un mercier, c'était un marchand. Plus tard, le mercier a connu un virage ambulatoire qui a fait de lui un marchand ambulant ; il vendait de menus articles. De nos jours, le mercier ne vend que de la mercerie, c'est-à-dire des choses servant aux travaux de couture, aux ouvrages de dames, au vêtement et à la parure : aiguilles, fils, boutons, rubans. Les ancêtres des Brodeur brodaient, cela va de soi ; ceux des Brasseur fabriquaient de la bière, opération qui les obligeaient à brasser des ingrédients, d'où le nom de *brasseur*.

On n'en finirait plus d'énumérer tous les mots d'usage quotidien qui nous viennent du Moyen Âge. Rien d'étonnant, car, comme je l'ai dit dans l'introduction, les fondateurs de notre pays étaient gens du Moyen Âge par leurs parents ou leurs grands-parents. Il est donc normal que la langue et les coutumes du Moyen Âge aient été transportées en terre d'Amérique.

CHAPITRE 18

Le poète François Villon

Puisque le Moyen Âge se termine vers le milieu du XVe siècle, j'ai tenu à présenter un personnage de la la première moitié de ce siècle. J'avais l'embarras du choix: Jeanne d'Arc (1412-1431), Christine de Pisan (vers 1363-vers 1430), François Villon (1431-après 1463) et bien d'autres. Compte tenu du but poursuivi, j'ai opté pour le poète vagabond et controversé, François Villon.

François Villon naquit à Paris en 1431. Il fréquenta la faculté des Arts de Paris, dont il devint bachelier en 1449 et maître en 1452. Ainsi donc, ne nous méprenons pas quand il écrit dans *Le Testament*:

> Hé! Dieu, si j'eusse étudié
> Au temps de ma jeunesse folle,
> Et à bonnes mœurs dédié,
> J'eusse maison et couche molle.
> Mais quoi? je fuyais l'école,
> Comme fait le mauvais enfant.
> En écrivant cette parole,
> À peu que le cœur ne me fend.

Un maître ès arts n'est pas un illettré. Ce que Villon se reproche, c'est de ne pas avoir poursuivi ses études dans les facultés prestigieuses et payantes : théologie, médecine et droit.

Villon a vécu dans la hantise d'être pendu et, de son aveu même, sa conduite ne l'éloignait jamais beaucoup du gibet. Ses démêlés avec la justice commencent le 5 juin 1455, jour de la Fête-Dieu. Après souper, il est assis sur une pierre avec un prêtre nommé Gilles et une femme nommée Isabeau. Arrivent un autre prêtre, nommé Philippe Sermoise, et maître Jean le Mardi. Le prêtre se met à quereller Villon. Comme l'affaire tourne mal, les témoins s'enfuient. Sermoise tire une grande dague de dessous son manteau, frappe Villon et lui fend la lèvre. Vif comme l'éclair, Villon tire la sienne, frappe son agresseur à l'aine et prend la poudre d'escampette. Poursuivi, il ramasse une pierre et la lance au visage de Sermoise, qui s'écroule. Deux jours plus tard, le prêtre mourra à l'Hôtel-Dieu après avoir pardonné à Villon et demandé qu'on ne l'importune pas. On l'appréhende quand même, mais l'influence d'amis lui vaut la grâce qu'il sollicite.

L'année suivante, un vol de cinq cents écus d'or est perpétré au collège de Navarre — résidence pour étudiants, comme on sait. Villon et son ami, Guy Tabarie, font partie de la bande. Après treize mois de recherche, la police met la main au collet de Tabarie ; il est soumis à la question — euphémisme pour dire qu'on le torture pour le faire parler. Il parle. L'un des complices est pendu, mais Villon a déjà quitté Paris.

Pendant l'été de 1460, on retrouve son nom dans le registre d'écrou de la prison du duc Charles d'Orléans. On en ignore le motif, mais on sait que son crime était passible de la peine de mort. Chanceux dans son malheur, il est libéré à l'occasion de la venue à Orléans du duc, de la duchesse et de leur fille, Marie, alors âgée de trois ans. On fit à la petite héritière une fête digne d'une reine. Villon y participa selon ses moyens en écrivant quelques poèmes : « Épître à Marie d'Orléans », « Double ballade » et une sorte de post-scriptum. Ces poèmes débordent des sentiments dont un cœur est plein quand on est pauvre et qu'on vient d'échapper à la prison et à la corde.

Villon voit dans la petite Marie un don du ciel, une fontaine de grâce et de miséricorde, la paix des riches et le soutien des pauvres — le sien, évidemment. On comprendra qu'à ses yeux de querelleur et d'abonné aux prisons, elle soit venue pour « les discordés rallier et aux enclos [captifs] donner issue, leurs liens et fers délier ». Beaucoup de gens auraient souhaité au duc un fils au lieu d'une fille, mais lui, il fait confiance au ciel : il sait que « Dieu fait tout pour le mieux ». Menacé qu'il était de la corde, il confesse : « De Dieu, de vous, vie je tiens. » Il serait mort sans cette naissance « qui ressuscite ce que Mort avait pris pour sien ». C'est pourquoi « vôtre je suis et non plus mien ».

Hélas ! les flatteries de Villon eurent moins d'effet sur Charles d'Orléans que celles du renard de La Fontaine sur le corbeau : il prend donc ses cliques et ses claques. Dès l'été suivant, il est incarcéré dans la prison de l'évêque d'Orléans, Thibault d'Aussigny, à Meung-sur-Loire. La pire prison qu'il ait connue, et il était en mesure d'établir des comparaisons. Dans cette fosse sombre et humide, il se trouve un peu trop à l'abri des orages et des éclairs... De plus, cet homme de trente ans a les dents longues, mais le riche évêque ne jette, chaque jours, à Me François Villon qu'une petite miche de pain et de l'eau.

Sa muse ne perd pourtant pas son inspiration, et il écrit son « Épître à mes amis ». « Ayez pitié, ayez pitié de moi, à tout le moins si vous plaît, mes amis. » Puis, il décrit la vie — quelle vie ! — qu'il gaspille dans cette fosse. « De murs épais on lui a fait bandeaux. » « Jeûner lui faut dimenches et merdis, dont les dents a plus longues que râteaux ; après pain sec, non pas après gâteaux, en ses boyaux verse eau à gros bouillon. » Il n'a ni table ni tréteaux. Chaque strophe se termine par cette imploration à ses amis : « Le laisserez là, le pauvre Villon ? »

Villon reparlera du féroce évêque Thibault d'Aussigny dans *Le Testament*, tout au début. Sous la main de cet implacable justicier, il a bu toutes les hontes et subi tous les tourments. Il ne reconnaît pas comme son évêque cet hypocrite, qui bénit les foules dans les rues et s'acharne sur un prisonnier. Il souhaite que Dieu lui rende la pareille : « Tel lui soit Dieu qu'il m'a été ! » S'il consent à faire pour lui une prière, il récitera le verset sept du psaume *Deus laudem* : « Que ses jours soient peu nombreux et qu'un autre recueille son évêché. » Comme pour Dieu les jours peuvent être longs — n'a-t-il pas créé le monde en six jours ? —, Thibaud régna encore une quinzaine d'années après la prière de Villon, sans que l'on puisse affirmer que le ciel était resté sourd à sa prière.

Pendant l'été de 1461, le roi Louis XI monte sur le trône de France. En se rendant à Tours, pour se reposer des fêtes de Paris, il devait passer par Meung. Or la coutume veut que, lors de sa première entrée dans une ville, un souverain délivre les prisonniers. Villon est fou de joie. Dans *Le Testament*, il louera « le bon roi de France », lui souhaitera de vivre autant que Mathusalem — 969 ans — et d'avoir « douze beaux enfants, tous mâles, conçus en ventre nuptial et aussi preux que fut le grand Charles ». Il est un des rares à avoir souhaité 969 années de vie à Louis XI...

En 1462, après cinq ans d'exil, Villon rentre à Paris. L'ineffable ne tarde pas à reprendre le chemin du Châtelet, prison de Paris. On l'accuse de vol, mais, faute de preuve, on s'apprête à le libérer. Au moment même, la faculté de théologie, avertie du retour de Villon à Paris et de son incarcération, s'amène pour récupérer l'argent que Villon et sa clique lui ont dérobé au collège de Navarre. Pour être libéré, il signe une promesse de restituer cent vingt écus d'or à raison de 40 écus par année. À défaut de payer, il rentrera au Châtelet. Le 7 novembre, il est de nouveau libre, mais pour un mois seulement.

Un soir qu'il n'avait rien à mettre sous ses « longues dents de râteau », il vient trouver une connaissance, Robin Dogis, pour mendier un souper. (Au Moyen Âge, on ne dînait pas le soir, on soupait.) Rogier Pichart et Hutin du Moustier sont invités à partager le repas et les discussions. Une fois la table ôtée, Villon invite la compagnie à sa chambre, sans doute pour lui lire ses dernières poésies. Chemin faisant, on passe devant la « fenêtre » (l'étude) de Me François Ferrebouc, notaire pontifical. Voyant de la lumière, l'insolent Pichart s'arrête, se moque des jeunes scribes qui travaillent ainsi pendant la nuit et crache dans la pièce. L'étude se vide, et l'on se bat dans la rue. Le notaire pontifical Ferrebouc reçoit un coup de dague qui, aux yeux des maîtres du Châtelet, ne doit pas rester impuni. Villon, qui seul nous intéresse, se retrouve à la prison du Châtelet.

Me Ferrebouc y compte de bons amis ; Me Villon, de féroces ennemis. La vengeance sera définitive. Pour une légère blessure, dont il n'est même pas l'auteur, on le condamne « à être pendu et étranglé au gibet de Paris ». L'expression *pendu et étranglé* correspond à celle qui était d'usage chez nous : « Pendu par le cou jusqu'à ce que mort s'ensuive. »

Villon sait bien que ses juges se vengent. Sa première réaction est de moquerie ; il écrit ce quatrain célèbre :

Je suis François, dont ce me poise,
Né de Paris emprès Pontoise,
Qui, d'une corde d'une toise,
Saura mon col que mon cul poise.

Cinq cents ans après sa rédaction, ce quatrain n'est pas facile à déchiffrer. À ce moment-là, *français* s'écrivait *françois*; *poise* signifie poids. C'est lourd pour lui d'être françois, comme ce sera lourd pour son cou d'être suspendu à une corde. S'il n'était pas français, il s'adresserait à son prince; s'il était de Pontoise, il serait justiciable du roi, mais il l'est d'un méchant seigneur qui est alors prévôt de Paris. La corde d'une toise, c'est la corde à pendre. Elle permettra au cou de Villon de connaître le poids de son cul.

Convaincu qu'il n'y échappera pas, cette fois, il écrit son épitaphe, mieux connue sous le nom de « Ballade des pendus ». Il s'adresse à ses « frères humains » qui vont survivre aux « cinq, six » qu'ils verront se balançant au bout de la corde. Que par la grâce du fils de la Vierge Marie, ils soient préservés de « l'infernale foudre ». Il décrit ensuite les cadavres en des termes d'un réalisme cru : « La pluie nous a [lessivés] et lavés, Et le soleil desséchés et noircis; Pies, corbeaux, nous ont les yeux cavés, Et arraché la barbe et les sourcils. » Et bien davantage, puisqu'il ne reste de leur chair que l'équivalent de quelques « dés à coudre ». Et il termine par une prière : « Prince Jésus, qui sur tous as maîtrie, Garde qu'Enfer n'ait de nous seigneurie. »

Mais Villon ne peut capituler : le gibet se profile à l'horizon. Il en appelle donc, devant le parlement de Paris, de la sentence de la prévôté. Il écrit alors la fort joyeuse « Ballade de l'appel » ou « Question au clerc du guichet », parce qu'elle débute par une question : « Que vous semble de mon appel, Garnier ? » (Le « clerc du guichet », c'est l'individu qui, à la prison, perçoit les droits d'entrée et de sortie.) Toute bête défend sa peau, dit-il à ce Garnier qu'il connaît bien. Si on l'attache, elle cherche à se libérer. C'est pourquoi quand « chanté me fut cette homélie » — c'est ainsi qu'il décrit le prononcé de la sentence —, « Était-il lors temps de moi taire ? »

Le 5 janvier 1463, le Parlement casse le jugement de la prévôté : Villon ne sera ni pendu ni étranglé, mais banni pour dix ans de la prévôté et de la ville de Paris. Une dernière fois, il exulte. Dans un poème, il exprime sa reconnaissance à la cour du Parlement en passant en revue ses sens et les organes de son corps pour leur demander de louer la cour qui leur a évité le désastre de la mort. Ses dents de râteau, par exemple, pourront dorénavant mâcher sans nul souci. Il termine en demandant un délai de trois jours pour dire adieu aux siens et recueillir un peu d'argent. Si le délai lui fut accordé, comme il y a tout lieu de croire, Me François Villon a quitté Paris le 8 janvier 1463. Sa vie s'enveloppe alors du mystère le plus profond ; impossible donc de préciser l'année de sa mort : on dit tout simplement « après 1463 ».

Grâce à l'invention alors récente de l'imprimerie, les écrits de Villon furent livrés au grand public, qui les lut avec avidité. Villon n'ayant parlé que de lui-même et de ses mésaventures, on se fit de lui l'image qu'il avait projetée. On le considéra comme un farceur inégalé, un buveur légendaire, le prototype des escrocs et le plus pauvre des pauvres, comme il a dit tant de fois.

Sa légende se répand alors et s'amplifie de jour en jour. Un petit livre en est, jusqu'à un certain point, responsable ; ce sont les *Repues franches*, c'est-à-dire les repas gratuits, comme dans l'expression *franc de port*. Ce livre a porté plusieurs titres, mais le nom de François Villon y figure toujours comme celui de l'escroc le plus habile à faire l'épicerie sans bourse délier. Voici quelques-uns de ses meilleurs trucs.

Pour se procurer des tripes, il demande à l'un de ses compagnons de se laver avec soin le derrière, puisqu'il devra le montrer à la vendeuse, pendant que lui, Villon, marchandera les tripes. Au moment où le railleur s'exécute, Villon feint l'indignation et il flagelle avec les tripes qu'il tient à la main le derrière de son compagnon sans pudeur. Ignorant que l'impudent a les fesses propres comme des sous neufs, la marchande ne veut pas remettre les tripes dans son baquet. François les garde et quitte sans payer.

Pour se procurer du vin à demi-prix, il arrive à la taverne avec deux brocs, dont l'un est rempli d'eau. Il demande au garçon de remplir d'un vin « blanc et amoureux » le broc vide qu'il lui tend. Cela fait, il demande au garçon de quel vin il s'agit. « Un vin blanc de Bagneux », dit le garçon. « Je n'en veux pas », répond Villon ; « je veux du vin de Beaulne ». Et il pousse vers le garçon le broc rempli d'eau. Le garçon verse l'eau dans son tonneau de vin de Bagneux, remplit le broc de vin de Beaulne et l'apporte à Villon, qui le paie et se retire avec un broc de vin de Bagneux, qu'il n'a pas payé, et un broc de vin de Beaulne, qu'il a payé.

Il use de trucs analogues pour procurer à ses compagnons et à lui-même le pain, la viande et le poisson. La viande ? La troupe se donne rendez-vous devant l'étal d'un rôtisseur. Pendant que Villon marchande, l'un de ses compagnons survient et lui flanque une gifle. Furieux, Villon attrape une broche et le rôti qu'elle porte, et il poursuit son assaillant. Le rôtisseur ne le reverra plus. Et la réputation de Me François Villon se perpétue.

Avant de quitter ce malcommode, je pense qu'il serait intéressant de souligner quelques-unes des curiosités qu'un lecteur de 1995 rencontre en lisant son œuvre. Dans la *Ballade des pendus*, les « cinq, six » — dont il est — qui se balancent au bout de la corde sont « transis ». Vous avez déjà été transi ; il faisait froid et vous grelottiez. Mais l'idée vous vient que les « cinq, six » sont morts. Vous cherchez dans un dictionnaire de la langue de l'époque et vous apprenez que *transi* signifie mort. La racine latine nous éclaire : *trans*, au-delà ; *ire*, aller. Étymologiquement, être transi, c'est être passé de l'autre côté, comme on dit.

Dans la *Ballade au nom de la Fortune*, cette dernière avoue qu'Alexandre fut par elle *envlimé.* Dans ma jeunesse, j'ai déjà entendu l'expression : *petit vlimeux!* Envlimé est devenu envenimé. Envenimer, c'est imprégner de venin, substance toxique sécrétée par certains animaux : serpent, vipère, scorpion. Le petit *vlimeux* était un petit poison.

À la fin de la *Ballade de l'appel*, il reconnaît que, s'il n'en avait pas appelé devant le Parlement de Paris du jugement de la Prévôté, il serait « Aux champs debout comme une épie. » On pense qu'il compare son cadavre de pendu à un épi de blé ou d'avoine. Si l'on a appris à se méfier, on consulte le glossaire. On y apprend que le mot *épie* signifie espion et qu'il est féminin. Si donc Villon n'avait pas eu « tant de philosophie sous son capel » (chapeau), comme il dit, il aurait été pendu comme un espion. Nous avons conservé le verbe épier, espionner, mais nous n'avons plus le nom correspondant, épie, dont disposait Villon.

Dans *Le Testament*, au moment où il commence à « tester » (LXXVIII), il emploie, dans la même strophe, le verbe « détester », qui était alors le contraire de « tester ». Tester, c'est donner ses biens en héritage ; c'est faire des héritiers ; détester, c'est déshériter.

Villon a écrit une *Ballade des proverbes.* J'en relève un que vous reconnaîtrez : « Tant vaut "tiens !" que chose promise. » Il est maintenant formulé ainsi : « Un tiens vaut mieux que deux tu l'auras. » À mi-chemin entre Villon et nous, La Fontaine insérait deux majuscules : « Un Tiens vaut mieux que deux Tu l'auras. » Le dialogue sous-entendu est plus apparent. Une première personne dit à une autre : « Tiens », c'est-à-dire : « Prends » ce que je t'offre. C'est mieux que si elle lui disait : « Tu en auras deux » un jour. Je sais par expérience que, quand on donne le proverbe en dictée, les jeunes écrivent : « Un tien... » Ils ne savent pas qu'il s'agit de la forme impérative du verbe *tenir.*

La *Ballade en vieil langage françois* reprend, comme refrain, à la fin de chaque couplet, une formule bien connue : « Autant en emporte le vent. » Dans *Le Testament*, il déplore, je l'ai déjà noté, avoir été un mauvais écolier : « Hé ! Dieu, si j'eusse étudié au temps de ma jeunesse folle », etc. Le couplet se termine par ce vers : « À peu que le cœur ne me fend. » À peu, c'est-à-dire peu s'en faut. Ce vers est une adaptation du refrain de la ballade des amoureux de Christine de Pisan. Christine, décédée au moment où naissait Villon, avait écrit : « À peu que mon cœur ne fond ! » Villon a remplacé fondre par fendre.

Enfin, je termine sur une note du meilleur Villon en citant le couplet CXI du *Testament*. Pour comprendre, il faut savoir que l'Orfèvre de Bois, c'est l'exécuteur qui frappe de verges les condamnés tout nus. Son souvenir évoque pour Villon des images obscènes :

Item, à l'Orfèvre de Bois,
[je] Donne cent clous, queues et têtes,
De gingembre sarrasinois,
Non pas pour accoupler [remplir] ses boîtes,
Mais pour joindre culs et quoettes [queues],
Et coudre jambon et andouilles,
Tant que le lait en monte aux tettes
Et le sang en dévale aux couilles.

Le poète François Villon est un nœud de contradictions. À maintes reprises, dans son œuvre, il témoigne de sa foi profonde ; pourtant, il se conduit comme un gibier de potence : il vole, il blesse, il tue. Ses fréquentations le conduisent aux extrêmes de la société : il est aussi à l'aise avec les gens de l'Université qu'avec les voyous de la pire espèce. Il a pour Notre Dame des accents émouvants, qui ne l'éloignent cependant pas des prostituées. Il sait passer du lyrisme au réalisme le plus cru.

Conclusion

Je m'arrête sans avoir parlé des cathédrales, des croisades, des Templiers, de la musique, de saint Bernard, de saint François d'Assise et de bien d'autres sujets ou personnages. Je m'arrête, car je pense avoir atteint le modeste but que je me m'étais fixé : semer le doute dans les esprits, ébranler des certitudes à déraciner.

Pour moi, il s'agissait de montrer que l'image macabre que la plupart des gens entretiennent du Moyen Âge est une grossière caricature de la réalité. Pour atteindre cet objectif, il n'était pas nécessaire de secouer cinquante certitudes ; d'administrer cinquante injections de doute. Si une douzaine et demie n'ont pas donné les résultats escomptés, deux douzaines et demie ne les auraient pas donnés non plus. Jetons un regard sur les principaux thèmes abordés et sur l'effet qui a pu en résulter.

Tout d'abord, Charlemagne, bien connu comme « l'inventeur de l'école » — ce qui n'est pas peu de chose —, fut surtout l'unificateur des royaumes qui partageaient l'Europe avant son règne. En le couronnant empereur, en l'an 800, le pape Léon III lui avait conféré un prestige dont les plus grands souverains, après lui, vont se réclamer : Frédéric Barberousse, Charles-Quint, Napoléon. Sans Charlemagne, l'évolution de l'Europe, depuis un millénaire, aurait été différente. On ne parle plus d'Empire, il est vrai, mais on parle d'Occident; on ne cherche plus à unifier des royaumes barbares, mais on cherche à unifier quand même. Bref, c'est le projet de Charlemagne qui est toujours vivant.

Comme inventeur de l'école, il aurait quelque chose à nous dire par son ministre de l'Éducation, Alcuin. Quand un système d'éducation ne donne pas les résultats escomptés, les remèdes sont parfois bien simples. Alcuin savait qu'il faut des programmes, des ouvrages pour les enseigner, des exercices et des examens. Ces choses vont de soi dans le sport: on organise des compétitions nationales et internationales pour se comparer et se stimuler. Au Québec de l'heure, dans l'enseignement, les compétitions sont locales, au sens restreint du local de classe. C'est la formule même de la médiocrité.

On reconnaît tellement d'influence à l'Église du Moyen Âge que je me devais d'en parler. Cependant, comme on n'avait pas encore annoncé au peuple qu'il était l'Église, j'ai parlé de ceux qui se prenaient alors pour l'Église, c'est-à-dire les pasteurs. Le moins qu'on puisse dire, c'est qu'ils différaient beaucoup des pasteurs actuels. Quand mon lecteur entendra qualifier le Moyen Âge de « siècles de foi », il sera en mesure de nuancer joliment après ce qui a été exposé des vices de la papauté et du clergé: simonie, nicolaïsme, népotisme, luxe, arrogance. On comprend que le peuple du Moyen Âge ait été fortement anticlérical. L'influence de l'Église a été beaucoup moins forte au Moyen Âge qu'elle ne l'a été au Québec jusqu'à la Révolution tranquille. Les Premiers ministres du Canada et du Québec n'ont jamais nommé les évêques ni les curés, encore moins fait des papes.

La morale médiévale de la responsabilité personnelle a de quoi scandaliser les personnes qui, après avoir mis leur conscience sous le boisseau, se laissaient guider de l'extérieur, comme des robots. Étonnante la parole d'Abélard: « Dès lors que nous n'agissons pas contre notre conscience, nous ne devons pas craindre d'être coupables aux yeux de Dieu. » Et Thomas d'Aquin de compléter : « La conscience oblige plus que les préceptes des prélats. » Agir selon sa conscience, c'est la seule façon d'assumer sa responsabilité d'être humain.

Si vous imaginiez le Moyen Âge comme une époque où les gens portaient leur cœur en écharpe, mes propos sur le mariage, le plaisir et la fête vous ont ébranlés. Et vous n'oublierez jamais que la tempérance ne demande pas de sabrer dans le plaisir, mais de contrôler l'inclination au plaisir. L'échelle des vertus morales des Médiévaux était l'inverse de la nôtre des années 1950 : chez eux, la justice occupait le sommet ; chez nous, c'était la « sainte vertu ».

Nos autorités politiques et judiciaires auraient avantage à s'inspirer de certaines composantes du système carcéral du Moyen Âge, ne serait-ce que sur un point : ne pas envoyer en prison une personne qui a encouru une amende, mais la lui faire payer. Si les gens des XIIIe et XIVe siècles apprenaient que nous incarcérons à grands frais un contrevenant qui doit 75 $ à l'État, ils nous trouveraient « moyenâgeux »... Nous avons vu aussi qu'il fallait corriger mon encyclopédie : « Au Moyen Âge on brûlait les sorcières » devenait : « Aux XVIe et XVIIe siècles, on brûlait les sorcières. »

L'étude des associations ouvrières laisse la nette impression que nos syndicats n'ont rien inventé : ni le meilleur ni le pire. Les Médiévaux nous donnent un exemple à suivre en ce qui concerne le partage du travail et le partage des revenus du travail ; ils peuvent nous servir de modèles aussi en ce qui concerne l'accueil réservé aux nouveaux venus.

La technique et les inventions du Moyen Âge nous ont étonnés. Quand on voit leurs cathédrales, debout après des siècles, on doute que ces gens-là aient passé beaucoup de temps à discuter du sexe des anges... Le Moyen Âge n'est pas

« une période obscure comme on l'a dit. Il a ses témoins, qui sont de pierre. Mais ces travaux, ces constructions de cathédrales, ces incomparables ouvrages qu'ont élevés ses architectes, et d'abord les Français, sont pour nous de véritables énigmes », écrit Paul Valéry[1]. Notre-Dame de Paris a été commencée en 1160; nous approchons de l'an 2000. À une question que je le lui posais, un guide touristique a répondu que, d'après les études qui ont été faites, elle devrait tenir encore 3000 ans! Notre stade olympique sera depuis longtemps retourné en poussière.

Les universités étant devenues des bâtisses et des administrations, on s'étonne d'apprendre que celles du Moyen Âge étaient des associations de maîtres et d'étudiants; quand les facultés sont devenues des unités administratives, on s'étonne d'apprendre que celles du Moyen Âge étaient des corps professoraux. On s'étonne surtout de voir l'influence que les étudiants exerçaient dans l'université médiévale. Leur pouvoir a dérivé peu à peu vers l'administration : ce sont les cuisiniers et non plus les convives qui décident que les plats sont délicieux.

Quand on tient pour une certitude que le Moyen Âge a été pour la femme un « affreux hiver », on s'étonne de voir la place qu'elle occupait sur le marché du travail; on s'étonne de rencontrer des femmes troubadoures, des femmes savantes. De là à admettre que la Renaissance a été pour la femme un net recul dans la plupart des secteurs de son activité, que c'est à la Renaissance que l'on commence à la confiner à l'intérieur du foyer, il y a une marge. Qu'on s'interroge me suffit pour l'instant. Je ne cherche pas à prouver que le Moyen Âge a été pour la femme un doux printemps.

Quand on vit à cinq siècles du Moyen Âge, on risque de le mépriser parce qu'on l'ignore ou bien on risque de le voir à travers le jansénisme et le puritanisme qui ont suivi.

---

1. Paul Valéry, *Regards sur le monde actuel*, Gallimard, Idées ; 9, 1967, p. 275.

Bibliographie sommaire

Bogin, Meg, *Les femmes troubadours*, Paris, Denoël/Gonthier, 1978.

Bourin, Jeanne, *Miroir de l'histoire*, Paris, société d'Éditions et de Publications Jules Tallandier, n° 269, mai 1972, p. 36-43.

Champion, Pierre, *François Villon; sa vie, son temps*, Genève-Paris, Slatkine Reprints, 1984.

Clamanges, Nicolas de, *Le traité de la ruine de l'Église*, Paris, E. Droz, 1936.

Chombart de Lauwe, Marie-José, *La femme*, L'humanité en marche, Imprimé en France, 1971.

Coornaert, E., *Les corporations en France avant 1789*, Paris, Gallimard, 1941.

Daniel-Rops, *L'Église des temps barbares*, Paris, Fayard, 1956.

Delumeau, Jean, *La peur en Occident*, Paris, Fayard, 1978; coll. « Pluriel », Paris, Fayard, 8350, 1982.

Fliche, Augustin, *La réforme grégorienne*, Paris, Louvain, 1924.

Gilson, Étienne, *Héloïse et Abélard*, Paris, Vrin, 1948.

Gimpel, Jean, *La révolution industrielle au Moyen Âge*, Paris, Seuil, Points, Histoire, H 19, 1975.

Héloïse et Abélard: Lettres, Paris, Union Générale d'Éditions, le monde en 10-18; 188-189, 1964.

Histoire de l'Église, Fondée par Augustin Fliche et Victor Martin, Paris, Bloud & Gay.

L'érotisme au Moyen Âge, Montréal, Les Éditions de l'Aurore, 1977.

Les Cent Nouvelles nouvelles, Paris, Adolphe Delahays, 1858.

Les Évangiles des quenouilles, Paris, Éditions Imago, 1987.

LEVASSEUR, Émile, *Histoire des classes ouvrières en France depuis la conquête de Jules César jusqu'à la Révolution*, Paris, Guillaumin et cie, 1859.

MARROU, Henri-Irénée, *Les troubadours*, Paris, Seuil, Points, Histoire ; H 5, 1971.

MATHIEU-ROSAY, Jean, *La véritable histoire des papes*, Paris, Jacques Grancher, 1991.

MUCHEMBLED, Robert, *Le roi et la sorcière*, Paris, Desclée, 1993.

NELLI, René, *L'érotique des troubadours*, Toulouse, Édouard Privat, 1963.

PALOU, Jean, *La sorcellerie*, Paris, PUF, Que sais-je ? 750, 1975.

PERNOUD, Régine, *La femme au temps des cathédrales*, Paris, Stock, 1980.

PORTEAU-BITKER, Annik, « L'emprisonnement dans le droit laïque du Moyen Âge », dans *Revue historique du droit français et étranger*, n°s 2 et 3, 1968.

Revue des questions historiques, Paris, V. Palmé, tome premier, 1866.

SAGE, A, a.a., *La règle de saint Augustin commentée par ses écrits*, Paris, La vie augustinienne, 1961.

VAULTIER, Roger, *Le folklore pendant la guerre de Cent Ans d'après Les Lettres de Rémission du Trésor des Chartres*, Paris, Librairie Guénégaud, 1965.

VIGARELLO, Georges, *Le propre et le sale*, Paris, Seuil, Points, Histoire ; H 92.

VERDON, Jean, *La nuit au Moyen Âge*, Paris, Perrin, 1994.

VERGER, Jacques, *Les universités au Moyen Âge*, Paris, PUF, 1973.

Table des matières

AGMV MARQUIS
Québec, Canada
1997